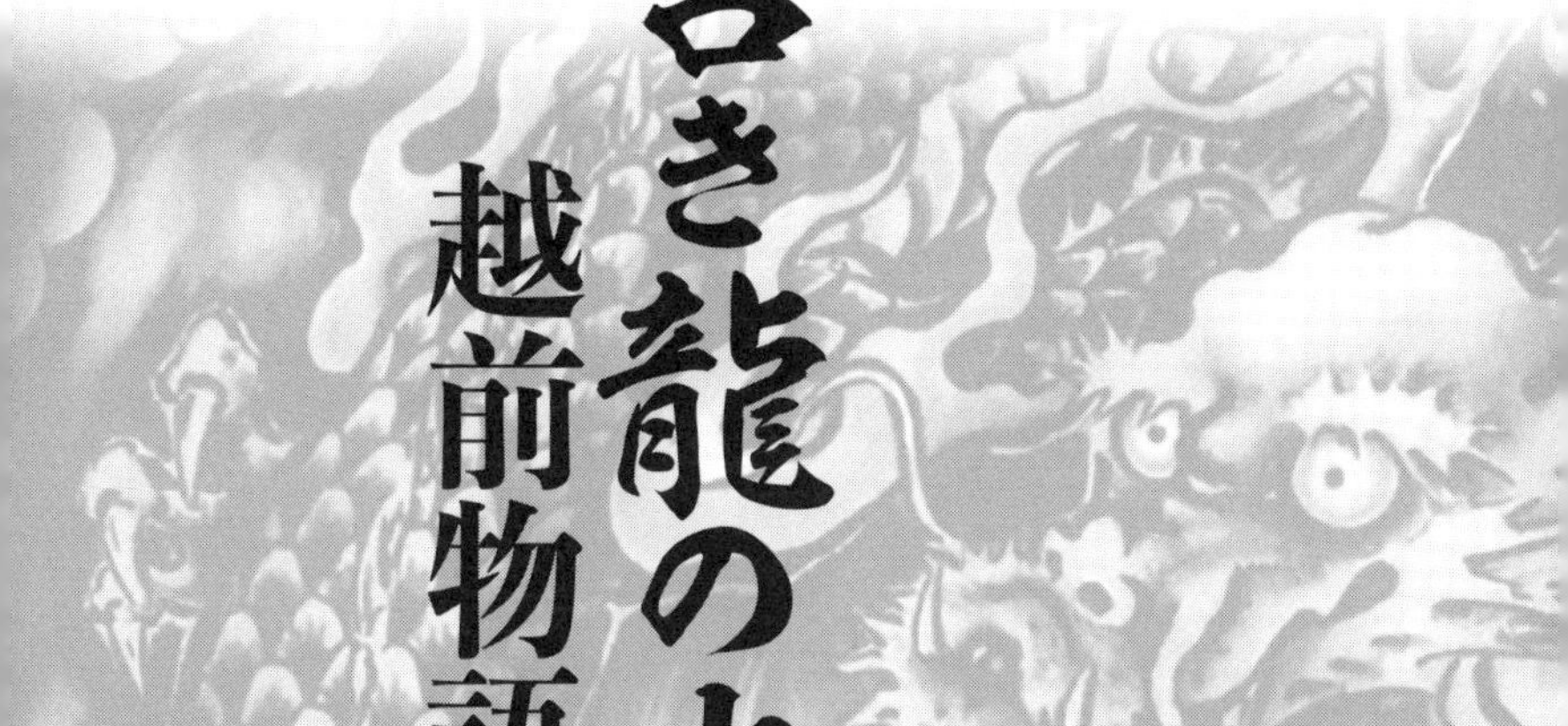

古き龍の大國

越前物語り

黒田宗雲
KURODA Souun

文芸社

目次

はじめに　『越前一向一揆の顚末』編

歴史とは、父祖の足跡を温《たず》ね、散《ち》りし残花《ざんか》の後《あと》を求め追いし道を行くが如きものであろう乎《か》。半世紀一昔前までは、『北陸道歩いて誰しも自然と身に感じたことは、水村山郭《かく》到る処に称名念佛の声を聞かざるはなく、田夫野娘皆他力本願を語らざるものなし。

集落あらば則《すなわ》ち坊舎あり、坊舎あれば則ち一向宗に属するもの、之が我が北陸に於ける実況なりとす。』（日置謙翁《へきけん》の流るるごとき名文も決して誇張ではない。）

北陸では、佛教といえば真宗（一向宗）、真宗といえば東・西本願寺派のことである。

そこでは各戸の祖忌・盂蘭盆《うらぼん》はもちろん、花祭り・蓮如忌・親鸞正忌・御講などの行事が厳密に沙汰《さた》（取扱い）され、田植歌・粉挽き歌・子守唄などにまで念佛の影響が及んでいた。

この見事な民衆生活への浸透［摂取不捨《せっしゅふしゃ》］（ひとたび取りてながく捨てぬなり）は、北陸に限らず、全国的なものである。

筆者は、戦中福井県大野郡（現勝山市）の農村の家に生まれ生家は郷士《ごうし》で数百年にわたり和田本覚寺傘下の門徒侍であった。戦後、昭和の青少期を本願念佛のみ教えを御教化下された親鸞聖人の遺弟としての自覚のもと現世を生き抜くことが人として生まれた目的である、と教えられた。

大聖世尊たる釈迦の出世本懐《しゅっせほんがい》の教えは、人間の生きるべき道を明らかにされ、縁起《えんぎ》（因縁生起）空の道理を悟られ佛陀となられたのは唯、阿彌陀佛の本願を説くためであったと、佛教は念佛であると九十年の長きに亘る人生を佛勅《ぶっちょく》に生き抜かれ、また多くの著述に顯《あらわ》して証明されたのである。一切皆苦《いっさいかいく》から解き放《とはな》たれ一切の衆生《しゅじょう》（すべてのいきとし生けるもの）が本願のはたらきのなかに平等に救われてことごとく成佛《じょうぶつ》させる教え、本願一佛乗《ほんがんいちぶつじょう》、である。他力《たりき》とは如來の本願力（はたらき）であり、選択本願は浄土真宗である。この聖人の御徳が数百年にわたり子々孫々へと引き継《つ》がれ、血となり肉となり灰となっても土中深くまで染《し》み入って清らかな地下水となって流れている。その教えを信じ生かされている民を土徳《どとく》の人という。

この民を官権の横暴が頂点に達し、理不尽に、生きる権利を奪った秋《とき》、地下深き流水が一向一揆となって噴《ふ》き上げたのであろう。

室町期、応仁・文明の乱より天正まで百年間は本願寺史上の暗黒・闕《けつ》史時代の空白を万分の一でも埋め、現代の混乱期を生きる人々の糧にでもなれば幸いです。

中世佛教の基調は佛法相依《そうえ》論であり、王権と佛法とは一種の運命共同体であり、お互いに支え合い乍ら発展を目指す、この考えが普通でした。

親鸞は建永二年（一二〇六）に流罪に処せられ、放免後も専修《せんじゅ》念佛の教えは禁じられていて、鎌倉時代だけで朝廷は計七回、鎌倉幕府は三回、禁止令を出している。

道元も寛元元年（一二四三）にその思想が問題となり、佛法とは認められないと断じられて、京都からの追放が命じられます。道元はそれを察知して、弾圧の直前に越前国志比庄（現永平寺町）の山中に逃れました。

道元は、国王の命（王勅《おうちょく》）よりも、佛の教え（佛勅《ぶっちょく》）の方が優位であると考えます。そして、日本のような「小国辺地《へんち》」には「王者の名あれども王者の徳なし」と述べ、名ばかりの王しかいないと厳しく批判し、また、女性を男性よりも劣った存在と見る考えを否定し、女人結界を魔界《まかい》と断じてそれを破却するよう主張しています（『正法眼蔵《しょうぼうげんぞう》』）。

また、日蓮も、佛法至上主義の立場から、王法の上位に佛法を置きました。それを象徴的に示すのが「釈尊御領観《しゃくそんごりょうかん》」です。世界は釈迦のものだという考えです。

親鸞の専修念佛の教えには鎮護国家思想がなく、また非権力性が顕著なことです。

これは日本佛教の伝統からすれば極めて違例であり、これまでの日本佛教は、鎮護国家＝国の平和の実現を尤《もっと》も重要な役割と考えていたのです。僧侶がそう主張し、朝廷もその考えを受け入れて、平和実現のために佛教をあつく保護した。

ところが法然も親鸞も、権力や鎮護国家に関与しようとはしていない。それどころか念佛を誹謗《ひぼう》する者がいれば哀《あわ》れみの念佛を捧《ささ》げるよう説いている。そして親鸞は強縁《ごうえん》（権力者）の者の力を借りてこの教えを拡げてはならないと戒《いまし》めている。また総《すべ》ての人間が平等に「愚者凡夫《ぐしゃぼんぶ》」「悪人《あくにん》（悪人とは自分の力では佛になれないもの）」であると考え、無知な民衆の信心の深さ（「まことのこころ」）に佛教の教えの究極をみました。機根《きこん》の平等、人間の平等を主張することで、顕密僧《けんみつそう》と大衆との価値関係を逆転させています。

佛教が権力と運命共同体になるということは栄枯盛衰の激しい権力と命運を共にすることになるのです。

真の佛教はもっと永続的なものである可きで、世俗権力と一蓮托生《いちれんたくしょう》により法滅《ほうめつ》してよい訳はありません。となれば、非権力の世界に佛法を樹立するしかない。法然や親鸞はそれを目指したのであろう。

これは歴史を踏まえた大きな決断であり、治承・寿永の内乱は、非権力的な新たな佛教を誕生させたのである。

また、親鸞は、「王に向って礼拝《らいはい》せず。」と礼拝の対象は報身佛たる如来阿弥陀佛（無量寿佛）唯《ただ》一佛のみであると言い切っている。

室町幕府の無力化、将軍の権威失墜、これが正長元年（一四二八）畿内《きない》全域に及んだ「正長の土一揆」を始めとする全国的な土一揆（その性格は、徳政一揆と国一揆がある）の頻発に引き続く、一向一揆発生要因の最たるものであろう。室町時代の荘園領主や守護層等の上級支配者は、農民に対する保護や勧農策などは一切やらず、単なる収奪者に過ぎなかったのである。農業生産の向上と共に、農民らが自立心を持ち、各郷村の名主層を中心に、惣村結成の動きを始めた思潮《しちょう》に歩調を合せた蓮如の布教が、農村の中枢である〝坊主、年老《としより》、長《おとな》〟を標的にしたことの意味は大きい。

講を結んで、阿弥陀一佛のもとに結集した農民が、年貢を納めようとしなくなった背景には、その様な時代的思潮の変化も潜在したのである。そして蓮如が巧みにその潮流に乗って布教を展開した。

たしかに燎原の火のように北陸地方に燃え拡がった一向一揆のバックボーンとなったものは、親鸞の平等の思想であったのである。

また、『朝倉始末記』は、門徒たちの心情を次のように表現している。

「われわれは坊主らに、極楽往生をこそ頼んではいるが、下僕《げぼく》のように、荷物を持《も》たされ、鑓《やり》を担《かつ》がされて、扱《こ》き使われると言うことは納得できぬことである。

先の一揆に際して、われわれが多くの武士たちを生命がけて退治《たいじ》したのは、自分達の手で国の政治を行うためであった。
それなのに上方《かみがた》（本願寺）からやって来た、何も知らない支配者の下知によって、国の政治が壟断《ろうだん》されていることは、思いもよらぬことである。」と。

まさに一向一揆に立ち上った農民・門徒などの基本的意図を端的に表現している言葉といえよう。

これが古《いにしゑ》より誇り高く生きた龍の大國越（高志）の民が親鸞の教えに目覚めたのであろう歟《か》。再三、再四に渉り武力に任せ矢継早に無理難題を押し付けて来る佛敵、信長軍の攻撃を打破り一族や多くの将兵を討取ったが、一揆方も文明より百年間に無《む》辜《こ》の民まで含めて百万人以上になるかも判らない門徒衆が討死・虐殺《ぎゃくさつ》されたと言われている。

越前一向一揆は、日を追うごとに階級的反目が深刻化して、上方の者や大坊主の命に服さない門徒が増え、それを実力で押さえようとする現地支配者などとの間に、殺生沙汰が引き起こされ、一揆の中に一揆が起るといった現象が頻発した。このような内部分裂を抱えて、信長軍と対決せねばならなかったのである。

天正三年八月十五日、信長は十万五千余の大軍で越前一向一揆を殲滅《せんめつ》させた訳ではなく、本願寺門跡顕如上人の檄《げき》に応じて、天正三年より天正六年の三ケ年の間、加越国境大日山麓の要害野津俣の山城（現勝山市野向町）に立籠り、佛敵信長の家来、柴田権六と金森五郎八率《ひき》いる大軍を迎え撃《う》ち、五・六百を討ち取り、加賀攻めを阻止している。これもひとえに佛祖の加護であり、忠勤抽《ぬき》んずる者であると嘉賞し、坊官下《しも》間少進《つま》を下向させ、名號旗太刀を當座に進め、向後のことは相談させるとの霜月十九日付島田將監宛の消息がある。

越前大野郡北袋（現勝山市）の島田將監率いる一揆は多勢を敵として善戦したが敗退した。

この後、天正七年八月、越前の柴田権六は上杉謙信の後楯を失った加賀に攻め入った。

一揆勢も夥《おびただ》しい討死者を出し奮戦したが敗北した。ために本願寺の親衛部隊とも言う可き戦力である門徒を失った宗主顕如は全く孤立したのである。

本願寺の動揺をみた信長は、戦局収拾の好機と判断し、朝廷を動かして和議のための勅使を奏した。天皇の権威によって有利な条件で本願寺との講話を図る策略である。

天正七年十二月二十五日、女房奉書が本願寺に下って（女房奉書とは天皇側近の女官が勅命を受けて女消体（散らし書）で書いた文書。和議の開始となり、明けて天正八年正月三日終《つい》に和睦が決まったが著しく不利な条件の内容であったが、勅定によるため無念である。幾十万の往生された宗祖親鸞聖人の御門徒に対し、申し訳なく遺弟として断腸血涙《だんちょうけつるい》の思いであると語ったと言われている。

斯《か》くして十一年に亘る石山本願寺対佛敵信長の戦争は終焉を迎えたのである。

信長が最も恐れたのは諸国の一向一揆による民衆的抵抗であり、永年に亘《わた》る戦いの中で、本願寺そのものよりも、一揆衆のもつ底力に苦い経験を重ねており、民衆を敵に廻すことの厄介《やっかい》さを思い知らされたのであろう。

信長は何回も天皇の勅書を血判拝受し、また、将軍の御教《きょう》書（執達状。御内書とも言う）調停を受け入れ乍《なが》ら和議を結び、不利になると誓書を反故《ほご》にし、敵が武装解除したのを見届けてから一人残らず虐殺している。人徳の欠片《かけら》もない。歴代の功臣でも意に添わないことがあると譴責《けんせき》し追放している。家臣も面従腹背《めんじゅうふくはい》の有様では毛利氏の使僧、安国寺慧瓊《えけい》が信長は此処、四・五年の間に自滅するであろうと、予言した通り、天正十年、京都本能寺と二条城で嫡男信忠共々明智日向守（惟任）光秀に討ち取られ、信長政権は命運が尽き終焉となった。所詮《しょせん》一代の驕児《きょうじ》、織田信長は横暴で表裏激しく狂気じみた者であったため、非業《ひごう》の最後を遂《と》げたのである。所詮《しょせん》天下を統《す》べる器《うつわ》ではなかったのであろう。

本願寺が貴族化して、真宗が民衆のための救いであることを忘れ、百年一日のごとく、開山への御恩報謝と後生菩提にだけ頼ることによって、民衆（一揆衆）との共存を望んだ本願寺法主には、民衆の心の機微に触れることは出来なかったのである。

それは、俗権の最高位に登り詰めた法主が、自ら民衆（門徒）と袂《たもと》を訣《わか》ったからであった。しかし敗戦後も本願寺顕如は命を賭して宗祖の廟堂を守護した門信徒を嘉《よみ》しその忠功に報いている。その後激しい紆余曲折《うよきょくせつ》はあったが織豊期が過ぎ江戸期に入ると本願寺も他の佛教諸派と同じく、徳川幕藩体制の中に組み込まれ、その統制と保護の下に、民衆の支えとなっていた本来の活力を失うことになってゆくのである。

士・農・工・商

権力者に都合のよい身分制度を作り、農民に対し、居・食・住に至るまで総てに細かい制約を課し「百姓は生かさぬように殺《ころ》さぬように絞《しぼ》れば搾《しぼ》る程よい」との政策の下貧苦《もとひんく》に喘《あえ》いだのである。幕府は寺院に役目を与え保護したので、貧弱《ひんじゃく》な百姓一揆しか起こせなかったのである。いつの時代でも権力者のやることは同じであり、親鸞の教えは正しかったのである。

本願寺発展の歴史と共に歩んだ一向一揆の功罪はどのように評価されるべきであろうか。筆者が思うに、越前一向一揆とは龍の大國の民が雲を呼び昇龍となりて悪《あ》しき者に鉄槌《てっつい》を下したのである、と。

いつの時代も権力者になった者だけが神《かみ》になり、太平の世を貪《むさぼ》り平安楽なのである。

本願寺は東西両派に分派をしたが、その宗勢は現代においても確固たるものがある。

一向一揆を組織した門徒たちが、尊い血を流して教団の底流を支えたからである。

乞い願わくば、父祖の足跡を温ね歴史残花の如く散っていった数十万の一向一揆の門徒衆の霊位に香華《こうげ》を捧《ささ》げご廻向いただきたいと思うのみである。

釋尊は、この世は一切皆苦と説かれました。人間は生・病・老・死の四苦を始め、苦から逃れることは出来ません。

親鸞聖人は「苦悩の有情」と言われました。この苦悩を除く法を説かれたのが釋尊であります。このように本来の佛教は生き生きとした活動態でありました。しかし現実の佛教は形に執われ過ぎて、苦悩を抱えて呻吟《しんぎん》している民衆から大きく懸《か》け離れてしまいました。

心の時代

二十一世紀は心の世紀、宗教の出番だと言われている。それは今世紀が、科学技術の飛躍的な発達により大量生産・大量消費という未曽有の豊かな物質生活を享受することが出来た時代であった。その反面、人間性を疎外する現象が多く現れてきた。また戦争の世紀とも言われ、現在でも地球上で殺戮が繰り返されている。

近代文明の行き詰まり、人類存亡の危機に気づいた現代人は、二十一世紀は何としても〝人間性の回復〟を計らなければ、と叫んでいます。宗教、特に佛教界の過去を問い直す作業なくして、どうして未来の展望が開けてくるのでしょうか。しかし過去を振り返るには相当の勇気が必要となります。

江戸時代の文献の中に、一向一揆の衆徒を「一向賊」「醜賊《しゅうぞく》」、その指導者を「賊《ぞく》酋《しゅう》」などと呼ぶものがある。

これは幕藩体制に遠慮して、一向一揆が反体制的な行為、所謂《いわゆる》、謀叛《むほん》であることを強調した表現である。九州薩摩藩や相良《さがら》藩では明治期までは真宗を厳禁したのは一向一揆を恐れたからである。違反者は磔《はりつけ》の刑に処した。過酷なものであった。

往時の合戦は、体制側に就く者には大義名分が与えられ総《すべ》て官軍とみられ、反体制側の者は賊徒と見做《みなさ》れたのである。

武家政権の下《もと》、明治になるまで三百年間大名、領主、本願寺、末寺はもとより、門徒に至るまで口を噤《つぐ》んで一向一揆を語ることがなかったのは武力支配者が何を恐れているのかを知っていたからである。

過去、室町期から戦国の乱世百年に亘り繰り拡げられた一揆闘諍《とうじょう》は一体何であったのか史実を明らかにすることが国民的課題であり、現代に投影されなければならない。それは一向一揆が果たした役割や意義は多大であり、社会に及ぼした影響は計り知れないものがあるからです。

嘗《かつ》て、石川県出身の禅と念佛の研究者で佛教学者として海外でも著名な鈴木大拙《すずきだいせつ》博士は「今の本願寺には親鸞《しんらん》はいない」と言われた。何処《いづこ》へ行かれたか訪ね歩かなければなりません。

道綽《どうしゃく》禅師の（安楽集）に「先に生まれん者は後を導《みちび》き、後に生まれん人は先を訪《とぶら》へ、願わくば連続無窮にして休止《くし》せざしめんと欲《ほっ》す、無辺の生死海《しょうじかい》を尽くさんがための故《ゆえ》なり。」とある。

また、ワイゼッカー元ドイツ大統領の言葉に、「過去に目を閉ざす者は、結局のところ現在にも盲目となる」と。イギリスの二十世紀最高の歴史学者と言われた、故アーノルド・トインビー博士は、今より半世紀前、毎日新聞紙上で連載された、トインビーとの対話の中で、現代文明を論釈・批判され、論評として、最後の結論の言葉であったので、大乗佛教平和論こそ一切衆生《しゅじょう》を救う道に通ずるものであると確信し、思いを新たにし、倶に精進して参り度いものです。敬虔なプロテスタントではあったが、「世界に真の平和を実現する思想があるとすれば、それは東洋の大乘《だいじょう》佛教であろう。」と喝破《かっぱ》している。それは真理を他に押し付けないからである。

拙稿に対して江湖の批判を仰げれば幸かと存じます。

第一章

越前大野護法一揆の顚末
附　織田信長と金森長近一向一揆の徒を惨殺する

明治五年（一八七二）四月、教部省は『三条の教則』を定めた。その三条とは、「敬神愛国・天理人道・尊皇遵《じゅん》朝」というもので、「神を敬い、国を愛し、天の理《ことわり》・人の道を明らかにし、皇上を尊び、朝旨を遵奉すべし」という明治政府の神社信仰と天皇崇拝の精神を表したものだ。

明治元年の『神佛分離令』に始まって、政府は次々に宗教改革に関する法令を連発したが、文面が難解で掴《つか》み難《にく》いうえに、大筋の流れは神道に厚く、佛教に薄いように感じられ、信心深い大野盆地の佛教信徒達は、誰もが不安を抱いているのだった。こうした中、翌明治六年（この年より太陰暦を太陽暦に改む）七間通《しちけんどお》り（現・大野中心市街地）の角に、次の文言の高札が立てられた。

『今般東西両部ノ名号ヲ廃停シ爾後一般ニ神道ト称スベキ事　太政官』

その結果、この高札の文面が、大野盆地に大事件を齎《もたら》すことになった。

かような宗教政策が、村々の農民門徒を護法に結束させた。門徒は真宗の風俗に馴《な》染《じ》んでいたから、真宗寺院との関係や、その信仰を奪われることは、生活の支柱の一つを奪われることと捉えて決意した。しかも大野郡の農村地帯は真宗一色であり、真宗が大野郡全域を結び付ける可能性が十分にあった。

ちなみに、その原因を『平泉寺史要全（昭和五年十月一日発行）』より一部を転載すれば、「大野の宗教的暴動」と題して、

『明治六年三月、本郡の佛教徒、明治政府の宗教方針に対し誤解する處あり、藩治時代の餘習より官民の扞格、事情の不流通により、遂《つい》に「みのむし」「ほろんか」と称する。竹槍蓆旗《むしろばた》の暴擧を敢てするに至り、巨魁と目せられし者數名死罪に處せられ、以下幾十名の累絏《るいせつ》者を出すに至れり。

明治維新、百年更革す、基督教《キリスト》の輸入するや、西本願寺は潜《ひそか》に今立郡岡本村定友の唯寶寺《ゆいほうじ》良巌を選抜して長崎へ派遣し、基督教を研鑽せしめ、該教の防止に備《そな》ふ、良巌、後《のち》、東上して歸俗し、石丸八郎と稱し、彈圧臺吏となる。其十一月東京より歸省し、修學護法の必要上、先づ自己の唯寶寺を大瀧圓城（成）寺に合併す。石丸の擧たるや、先見の明稱すべきも、惜哉《おしいかな》時世に伴はず、眞意を誤解さるゝに至れり。當時、平泉寺の排佛毀釈を目撃し、民心洶々《きょうきょう》たるの際、今立郡南中山村庄境の明光寺中山了曉、頻《しきり》に書を飛ばして、其の實兄たる本郡上庄村据《しがらみ》最勝寺栅《しがらみ》専乗に石丸等の状況を急報したり、是れ此の暴動の導火線となれるなり。

古今、人心をして熱狂せしむる宗教社會に此幾多の發令を見る。民心動亂せざらん欲するも得ず、加ふるに、當局官史の態度雅量を欽き、佛教に關する示談、談合をも不当に付せず、教職は三條教憲の外、宗義を交説するを許さずと、自己の誤解を藩治時代の舊習的に斷行し、たとひ愚昧の僧俗囂々《ごうごう》たるも、其れ何事か爲さむ。單に三五の醜魁を縛して、嚴罰せば、一擧に屏息《へいそく》せんと思ひしが如し』

云々とその経緯《いきさつ》を記述している。

しかるに明治六年、大野郡下の門徒の間に、一揆を誘発するような険悪な空気が張《みなぎ》っているとの報に接した福井支庁は、その首魁を捕縛すべく吏員を派遣した。明治六年三月五日、竹尾五右衛門氏を検挙し、大野町へ引き上げる途中で金森顕順師を逮捕したが、竹尾氏は官憲の隙を窺《うかが》い逃亡し、金森師を引き連れた邏卒《らそつ》が大野町に近づくと竹尾氏は寺鐘を乱打し、これが切っ掛けとなって寺々が早鐘を乱打するに及び、ここに大一揆が勃発したのである。

翌六日には、暴徒と群集は本町の県廳（庁）出張所で邏卒を捕え、種々糺問し、出張所に放火、さらに一部の士族や豪農・商法会社を始め、教導職にある者・豪商・高札場・御布告掲示所等を焼き払い徹底した打ち毀《こわ》しを掛けて破壊の限りを尽くした。八日夕刻になり、農民が出した願書に対する回答が遅れたことから、またもや「大野街中竹槍林立」して騒然となり、群集は、東は油坂、南は蠅帽子峠《はええぼうし》の遠方からも続々と集結し、夜を徹し焚立《もえたつ》る篝火《かがり》は天を焦《こが》し、人々は勢いに酔いしれて県庁襲撃の気勢を挙《あ》げた。このため敦賀県少属《しょうぞく》天野精成は、群集の要求する三事項を約束した。それは次の三項であった。

（一）　耶蘇宗を越前国に布教しない。
（二）　学校では洋学を教えない。
（三）　法話説教を停止させない。
　そして右三項目を承認する証書を手渡した。

　そのため一揆側は、これら願意の全てが是認されたものと看做《みな》し、意気揚々と帰村したものである。しかし当局は、直ちに邏卒を召集、十一日斉藤少属を名古屋鎮台へ派遣して、歩兵一中隊を繰り出し、首謀者や群集の検挙に着手したので、初めて群集は瞞《だま》されたことを知ったが、軍隊の力の前にはどうしようもなかった。

　四月一日に至り官憲の激しい検挙に対し、金森師は自首して事態を収検することを考え、妻、琴路に遺してゆく子供の養育を諭し、遺言状には、『浄土にての対面を喜ばしく待ちうけ申候』と書き残し、大野四番町の牢舎に繋《つな》がれ、柵《しがらみ》師も上京先から帰り自首を決意、『ひと日づつ　すすむ浄土の　たびのそら　雨もあられも　物のかずかは』との辞世の句を残し入牢の身となった。

　官は多くの嫌疑者を検挙し、寺町長勝寺と本町廣島屋旅館に取調室を設置し、刑の重い者は福井大工町に送監した。捕縛の日の四月一日から三日後に、早くも首謀者六名の処刑が執行された。判決は一名絞首、五名が斬首である。

暴動にはまったく関わっていない二師と竹尾氏も、暴動を煽《あお》ったという罪状で斬首となった。

逮捕から判決までが三日というのは、如何《いか》にも粗雑で、官側の報復主義と焦《あせ》りが感じられる。今一つの愚行は、死罪を課した六名に一切弁明の機会を与えず、その日のうちに死刑を執行してしまったことである。

その後半月程過ぎた四月下旬になって、一揆に加わった有期刑者にも判決が下った。人数は、合計四十五名に上《のぼ》った。

大野郡より飛火した一揆は、今立・坂井郡でも勢いを増し、「南無阿弥陀佛」の旗印の下に三郡下で総勢三万数千人に上る大々的な一揆に膨《ふく》れ揚《あが》ったのである。

この大一揆の指導者は、農村では中農、乃至《ないし》富農層が中心であり、都市街では特権商人や豪商と対立する小ブルジョア商工業者が中心であった。これらに小農や貧農、それに都市の細民が積極的に加わった。

このような一揆の発端や、その展開過程において、護法一揆の側面が著しく目立つ点は無視できないが、その要求事項や攻撃対象を見ると、政府の支配機構の末端に繋《つな》がる区長＝豪農層を始め、特権商人や豪商に打ち壊しが集中しているが、一方地券の焼却、高札場の破毀《はき》などは明らかに県当局＝政府の施策への反対要求として把握《はあく》すべきものがある。

なおまた、『平泉寺史要』に「二僧の憤起と題して」、「此間の消息を審《つまびらか》にせし上据《かみしがらみ》村の真宗本派本願寺派最勝寺、友兼《ともかね》村の真宗高田派の専福寺住職は、憤然として起たざるを得ざりき、曰《いわ》く、信教の自由を蹂躙《じゅうりん》し、我法威を侮辱せんとするの、徒《ともがら》には盲従する義務なし、然《しか》れ共論端我より啓《ひら》く可きにあらず、唯強願再三の常軌を踏みて進まむのみと、是《これ》に於《おい》て頭壇家竹尾五右衛門を初め數輩《すはい》と談じ、農民を招集し、護法の連判状を作製す、是れ、後に凶徒嘯聚《しょうしゅ》の罪案となりしものなり。官にこれを利用されたのである」

と、あるのは、蓋《けだ》し正鵠《せいこく》を得ている。

明治維新新政府は、廃佛毀釈《はいぶつきしゃく》・神佛分離の太政官布告を発令した。

そして、この前代未聞の宗教改革を断行した。二百七十年に亘る徳川幕藩体制の下、諸法度を作り、寺社奉行を置き統制したため、「島原の乱」以降、基督教《キリスト》を厳禁止し、檀家制度の確立、宗門人別改帳を作成し、法度、布告をした。飢饉《ききん》や大災害が発生する度に百姓一揆は頻発したが、寺院への懐柔政策が功を奏し、江戸期には一度も一向一揆も護法一揆も起こらなかった。

忠君愛国富国強兵を国是とし、国家への滅私奉行のみ強要し、国民の暮らしと生命を護ることを第一義とするべきを忘れ、寺院や門信徒を骨抜きになっているものと軽視し、国家権力や官の暴力で淘汰できるとの驕慢《きょうまん》な思い上がりによる愚挙を敢《あ》えて強行し、手痛い竹篦《しっぺ》返しの反撃に遇《あ》ったのである。

和国の教主と尊称された、聖徳太子が佛教を招来せし古《いにしえ》より日の本の邦《くに》は、和を以て貴しとなす佛教国なのである。この精神的根幹を揺るがし、否定する肇国依来の愚挙を強行した。寺院の堂塔を古き悪しきものとして破壊し、全国の佛具佛像を廃棄《はき》し、佛典を焼き尽くした。多くの貴重なる日本の文化遺産や美術工芸品等を消失させ、また二束三文の安価で外国に売り渡した。

この国家権力による取り返しのつかない愚行は、中国共産党の首魁、毛沢東が行った「文化大革命」に匹敵するものである。越前は長きに亘《わた》る佛教国であり、特に真宗王国とも謂《い》われる程、浄土眞宗の門信徒が多い土徳《どとく》の地なのである。ために、この護法の大一揆が喚起されたのであろう。

この事件を他山の石として、何時《いつ》の時代でも為政者は温故知新のこころを忘れず、民に対する背信行為をして怒りを買ってはならない、との教訓である。

【註記】

（一）「廢佛毀釋・排佛棄釋」

佛法を廃し、釈尊の教えを棄却すること。明治元年「神佛分離令」が出され、これに伴って神社と佛寺との間で争いが起こり、さらに寺院の佛具・経文などの破壊運動が起こった。

（二）「教部省」

明治五年「神祇省」の廃止とともに設置された、神道・佛教の教義、社寺・陵墓に関する事務を管理した官庁。明治十年（一八七七）に廃され、内務省に移された。

（三）「土徳《どとく》」

浄土真宗の宗祖、親鸞聖人のお徳御教化が長い年月の間に地中深く染み入って脈々と流れている土地のことを謂う。人として生きる道、こころの所依《よりどころ》として住む者を土徳の人と呼んでいる。これが真宗王国といわれる所以《ゆえん》である。

附　織田信長と金森長近・一向一揆の徒を惨殺する

天正二年（一五七四）越前に一向一揆蜂起し、越前を制圧して、本願寺領としたが、天正三年（一五七五）八月、信長は十万五千余の大軍を動員した。若狭・杉津両城を落とし、一夜の中《うち》に府中龍門寺城を焼く奇襲作戦で一揆軍は敗走した。一揆派の寺坊は焼かれ、越前の大坊主、巨刹は消滅灰燼に帰した。

この勝利を信長は「府中町で千五百程首を斬り、近邊でも二千余り斬った。町は死骸で足の踏み場もない」と臣下の奉行、村井貞勝《さだかつ》に書き送っている。

信長の統一戦は、後半を一揆と戦闘を交えただけに一揆の門徒に対する態度は峻烈を極めた。一揆及び、その同調者に対しては徹底的に捜索して逮捕、武器を持たぬ子供・婦女子に至る無辜《むこ》の民まで極刑に処し、焼殺したり、大穴を掘り生き埋めにしたりした。

坊主どもを数珠繋《じゅずつな》ぎにしたのを三十人縄、五十人縄といったと謂《い》う。

今立郡《いまだてぐん》味眞野《あじまの》村小丸城《こまるじょう》跡（現在の越前市辺り）から出土した文字瓦《かわら》には、農民門徒の虐殺の生々しい有様を語る文字が次のように彫り付けられている。この文字は室町期の京都粟田口、天台宗寺院青連院《しょうれんいん》門跡尊圓法親王《そんえんほうしんのう》を流祖とする流暢な御家流《おいえりゅう》の書風で見事なものである。当時の相当な教養人の筆になることは間違いない。信長方の者か、一揆方が書いたものかは両説があって判じ難い。が、おそらく信長方の者であろう。

「此書物後世にごらんじられて、御物がたりあるべく候。しかれば五月二十四日いき（一揆）起り、そのまま前田又左衛門尉殿（府中城主）いき、千人ばかりいきどり（生け捕り）させられ候なり。ご成敗・はりつけ・かまいられ（カマ煮殺し）・あぶられ（火刑）候なり。かくのごとく一ふで（ひと筆）書きとどめ候」

とある。

江戸初期に記された太田牛一の『信長公記』には、越前の一揆勢の老若男女の捕虜《ほりょ》一万二千二百余人を小姓衆に命じて切り捨てさせたと伝えている。その他、各地の者を合わせると、織田軍が惨殺した者は三、四万に及ぶといわれているが、実際は七、八万と謂う説もある。

さて、信長の厳命を受け、越前大野郡の一揆の討滅に当たった者は、信長の家来の金森五郎八《ごろはち》と原彦次郎《ひこじろう》であるが、美濃より根尾谷《ねおだに》から温見峠《ぬくみとうげ》を経て、攻め入った時、一揆側は地の利に明るく鉄砲の狙撃の名手を選び、敵の大将金森五郎八を討ち取り戦意を挫《くじ》こうとしたが、弾丸《たま》は当たったたが致命傷には到らず討ち漏らしたと伝えられている。

ために「西谷から大野一帯の一揆勢も奮戦をしたが、多勢の前に夥《おびただ》しい人が討死にし敗北した。金森軍は邊《あた》りの神社佛閣を一字《いちう》残さず焼き拂い灰燼《かいじん》に帰し消滅した。老人・女子供も全《すべ》て、惨殺し盡《つく》す」とあり、「天正八年（一五八〇）坂谷十七ヶ村から人や家と社寺は消えて、聚落だけが残った。略奪した武士集団が定住し、一乗谷地区のように他の地域や美濃等の流人が土地を支配する」と書き記したものあり、これは検証するに間違いなく事実であろう。

大野郡の一揆掃討と称するものも、府中（現・武生）近辺で信長が行った惨殺行為と何ら変わらないものであったことが分かる。

当然この一揆征伐と称するものは、事前に用意周到に調略を策し、大野郡内の本願寺派以外の寺や門徒・地侍等にも与力《よ》を取り付け一向一揆（本願寺一揆）の殲滅《せんめつ》を強行した。武力を用いた権力者に生きる権利を主張した農民等を暴力で弾圧し、武器を持たない無辜《むこ》の民までを惨殺した理不尽極まる許されぬ行為を歴史は正当化してはならない。

金森長近《ながちか》は、信長から叛徒を征伐した戦功により大野郡の三分の二の領知を宛行《あてが》われたのであるが、惨殺者の子孫や生き残りし敗者からの報復を恐れ、亀山（現・大野市街地）に多くの領民を使役して堅固な平山城を築いたのである。

（註）前田又左衛門尉とは、信長の家来利家のことである。

歴史とは、滔滔《とうとう》と絶間なく流れる大河の如きものであり、その一滴の秘史が世に一向一揆と呼ばれているものである。どれだけ宗教性があったかは分からないが、深い繋《つな》がりがあったことだけは確かであるだろう。

第二章

越前十二郡と・九頭龍、黒龍川　論衡《こう》
附〔源氏黒田繼圖と黒田郡〕

令和六年は、干支《かんし》では甲辰歳《きのえたつ》である。「古代中国では十二宮の各々《おのおの》に獣を充《あ》てたのに基づくと謂《い》う。また、その各々を時刻及び方角の名とする」を十干《じっかん》、十二支《じゅうにし》（干支）と称する。六十年で再び生れた年の干支に還るから還暦と謂う。数え年六十一歳の称である。

讖緯《しんい》（未来の吉凶を予言する術。もしくはその書物）の説もある（革命）十二支の中「辰」のみが現実に存在しない、想像上の生き物「龍」である。［龍］と聞いて、福井県民は何を連想するか、それは九頭龍川《くずりゅう》であろう。

「龍《りゅう・りょうとも》」は、韓《から》（唐）神である。和国日本は、奈良時代聖武帝の頃より泰澄《たいちょう》大師等の修験者の活動が盛んになり、神佛習合、神佛混淆《こんこう》、本地垂迹《すいじゃく》の説が長きに渉り定着したが、明治維新政府の「神佛分離政策」により廃止された。

八百万《やおよろず》の神々は、本来は佛であるが、神となって権《かり》に現れたものである、との所《いわ》謂《ゆる》、権現《ごんげん》思想である。牛を殺して漢神《かんしん》を祀《まつ》る風習は厳しく取り締ったが、生けとし活きるものの、命の水を支配する龍神信仰は愈々《いよいよ》盛んになった。出雲国風土記《いずものくにふどき》に「八《や》岐大蛇《またのおろち》は高志《こし》の國に住む」とあるのは、越の前《さき》の州の九頭龍川を連想させる記述である。

龍は、蛇形の鬼神で地上・空中・水中に住し、雲雨を自在に支配する力を持つ。佛法守護の八部衆の一《ひとつ》。龍神→龍王である。

『中國では、鱗虫の長として神霊視される巨大な想像上の動物。鳳・麟・亀と共に四霊の一《ひとつ》。よく雲を起し、雨を呼ぶと謂う。

天子（龍顔）龍王。（註：西洋にもドラゴンはいるが、東洋の漢文化圏の龍は聖なるものにして迫力がある）

龍門の瀧《たき》、中國の黄河中流の険所。「魚鼈《ぎょべつ》（すっぽんのこと）」の類《たぐい》も、ここを登れば龍になると謂う（登龍門）』

しかるに、古《いにしえ》の皇帝や王も龍に准《なぞら》えて君臨するのである。

就中《なかんづく》嶺北は、①越前《えちぜん》と②名の付くものを始めとして、蟻の隙《すき》間もない程に九頭龍で埋め尽くされ、東は奥越前大野の穴馬・和泉より、西は坂中井《さかない》（現・坂井市）三国湊に至るまで、北國の大河九頭龍（黒龍）と倶《とも》にある時は畏《おそ》れ、ある時は親しんで活きて来たのであろう。

当時の人達は、要は越前と九頭龍が好きなのである。「黒龍《くろだつ》」を名乗る神社は数社ある。舟《ふな》橋、黒龍神社と毛谷《けや》、黒龍神社がある。両神社は共に、祭神は国《くに》を鎮《しず》める高《たか》龗大神《おのおおかみ》（黒龍大明神）であり、この神と対《つい》をなす闇龗大神《くらおのおおかみ》（白龍大明神）、大山祇《おおやまのつみの》神《かみ》（山をつかさどる神、伊弉諾《いざなぎ》、伊弉冉《いざなみ》、二尊の子）第二十六代繼體天皇《けいたいてんのう》が合祀されている。また、船橋対岸黒田津河畔の森田に龍門山浄因寺があり、大野には九頭龍山徳善《とくぜん》寺、勝山には龍川祖《りゅうせんそ》がある。

他にも龍に関わる伝承、口碑《こうひ》、伝説譚は白山平泉寺を始め、枚挙に暇《いとま》がない。越前の人々のこころに九頭龍が棲んでいるのは間違いない。現代も、九頭龍ダムや越前大佛の九龍壁があり、クラブや、組織の名、商標等に至るまで有《あら》ゆるところに龍が浸透している。

『越前十二郡考』に就而《ついて》、論衡すれば、

「郡名の意義は、何に由《よ》りて立ちしにや、郷庄亦《また》は、山川にも非ず。良田の祝意に出でし如し」とあり、

『古名考』に、「〔寛政十三年坂野ニ藏著〕云《イフ》。寶治二年（一二四八）、吉田郡アリ、足羽郡ヲ分チ、坂井郡モ少シ入レリト見ユ、何レノ年ニ分賜《わけたま》ヒケルヲ不知或云、天歴〔暦〕七年（九五三）ノ頃、吉田郡アリシナリ、南仲條郡アリ、此又、分レシ時ヲ不知吉田郡ト同時ナルカ、其頃ニヤ、文亀元年（一五〇一）ニハ、巳《すで》ニ十二郡ニ分タレ、〔朝倉記〕〔越加記〕等ニハ、池上郡ノ名モ見エ、〔和漢三才圖會〕ニハ、黒田、榊田等ノ郡名モ見ユレド、今何地ナルカ」と。

『名蹟考』に云、「今、坂井郡、安島浦、三保大明神に、寄附状と云ふもの有て、池上郡、安島浦と書たれ共、贋作にて、又近頃公儀よりの御書下に、榊田郡三國浦と云

ふ事ありしかども、證とも、據《よる》ともすべきに非らず、池上、黒田、榊田、三郡は、何れの所を指せりと思ふ心當《あた》りも、又何によりて、何人の唱へ初しといふ事、知り難し」

とある。鎌倉幕府の時、「すでに割置したるか、道元禅師行實に、吉田郡の名見ゆ」とも。また、十二郡の経緯については、次のような資料がある。

「名蹟考云、何《いづれ》の頃よりか、十二郡となりし事、其始知りがたし、思ふに、斯波《しば》の末、朝倉《あさくら》の始にてもあるべきにや。〔太平記〕には、今の吉田郡にある域を、足羽とのみ記したれば、其節は、未だ、古《いにしえ》の六郡なる可し、朝倉時代の記文には、十二郡の郡號ある由なり。又、一説には、坂井郡を割て、吉田群を置と謂へり、去乍《さりなが》ら、確かなる證迹《しょうせき》を見ず」とある。

『九頭龍川』

「其名に就而《ついて》、諸説一ならず皆牽強附会《けんきょうふかい》の嫌《きらい》なきに非ず、早く〈クヅレ〉と呼びしは〔盛衰記〕に崩の瀾の名も見え〔太平記〕にクヅレ明神の名見ゆるにて著し、黒龍《クヅレウ》川や正しかるべき、九頭龍の字は何時頃より、用い初めけむ詳《つまびや》かならず」とある。

『歸雁記』に「寛平元年（八八九）六月、平泉寺の権現、衆徒に示現おはしまして尊像を、此流水に浮《うか》め奉る時に、一身九頭の龍出で、是を戴き黒龍明神、向の岸に留まる、されば、此川を九頭龍川と謂《い》へり、今の船橋川の事なり。〔名蹟考〕云、八重巻重陽寺の縁起より出て、毛頭、信ずるに足らず」と。

『國主記附録』に「船橋村の川を往古は、黒龍川と申し、然《しかる》に黒龍《クヅレウ》河と云ふ、文字に付き、九頭龍川と書くと云ふ説あり。是は〔元亨釋書〕〔白山縁起〕に泰澄大師、白山本地《ほんち》を被祈《いのり》し時、現《げん》じ玉（給）ふと九頭龍、此川を流れ玉ひし故なり、と謂へり、予考え、彼白山大山嶺の緑碧《みどりが》池に、顯《あらわれ》給ふと云九頭ノ龍、此川に降り給ふこと、〔釈書〕にも所見なし、此川は白山の別山より流れ落ちる川なれば、方角大に相違せり、所にて申傳へ、且黒龍の宮迹も、有之上は、黒龍の文字正説ならむ。

但、黒の字をクヅと唱ふること、いかがなれども、神明の読癖《よみくせ》に申習はしの侍《はべ》ることは、天下に數多有之事《あまたこれあること》なり、香取、足羽と奉唱《となえたてまつる》も此類なり。（太平記）に、クヅレの明神と有假名《かなある》はクヅレウの誤なるべし」と。

『名勝志』に「黒龍《クヅレウ》川、今船橋あるを以て、船橋川とも云、本名は黒龍川なり。古往、継體《けいたい》天皇、三大河を開き玉ふ、其一なり」と。

「名蹟考〔太平記〕に、クヅレ明神とあるも、よき證《あかし》なれば、かたく黒龍の字を正とすべき事なるべし」と。

『日本地名辭書』には、「本来は（崩の）渡の名なり、崩川と曰《い》へるを九頭龍と改めしなり」とある。

何《いづ》れも百家迷走の感は否《いな》めない、論衡であろう。さらに次のような文献もある。

『越前若狭地誌叢書下巻』（杉原文夫・松原信之共編・発行所松見文庫）には、「越前国名有ル川十流　私考」と題して、

「鳴鹿川本名九頭龍川也。ト云カ。実説ヲ不知。

但シ黒田川之津濟之所ヲ黒田津トイフヨリ、川ノ名ト成。九頭龍ト書」とあり、亦《また》、異本に「此川ヲ九頭龍川ト云根本ハ元暦二年（一一八五）ノ頃也」ともある。

九頭龍川の統一した呼称は、明治期より、公に使用されるようになったのであって、以前は往古より越前の各流域地の者が河の名としたのである。

例えば、上流の奥越前大野郡（現・大野市）では、「野田川」とあるのは、『大野市指定文化財歴史資料（史料）』に「江戸幕末期、水戸天狗党武田耕雲齊《こううんさい》一行上京の砌《みぎり》、木本《このもと》領家鯖江藩の大庄屋であった木本《このもと》領家の杉本彌三右衛門家逗留時、世話になった禮物としての貴重な日本地圖二枚を披見した事がある。なお、杉本家は、（柴田勝家の北庄《きたのしょう》町奉行を勤めた角杉藏人《かどすぎくろうど》の子孫である）また識者に依《よ》れば、此《この》地図は十七世紀を下らないものであろうとのことであった。

しかし、この地図に九頭龍川の名称はなく、「野田川《のだ》」とあった。野田とは、現在の田野《たの》のことである。中世では野田と呼ばれ、周辺の地も含め野田郷と謂ったのであろう。

当時は九頭龍川に隣接していたため、他に、大野七板川・現勝山壁倉川・比島川・上志比市村荒川・東古市鳴鹿川等、各々三国湊に至るまで呼称されていたのである。

なおまた筆者、傍証として爾今《じこん》より五十余年前、奇《く》しき縁《えにし》ありて、薩南の鹿児島市在住であった、郷土史家の黒田清光《きよみつ》氏（当時九十歳）より、門外不出の黒田宗家に伝わる系図の写真を使いの新富正清氏が持参され、調査の依頼を受けたのを契機に、滋

〔源氏黒田繼圖〕（略譜）

註〈直系以外は省略する。〉

宇多天皇 人王第五十九代名寛平法皇

敦實親王 承平六年丙申五月賜源姓

雅信 号一條左大臣

扶義 左中将 参議・中宮大夫（近江源次祖）

成頼 左近將監 兵庫頭 近江国庄居佐佐木

章經 兵部太夫

為經 式部太夫イ本ニ經俊

源三 秀義 源氏十六騎之其内也源平合戦致軍忠 元久二年乙丑四月逝去也

佐々木太郎 ○定綱 源平之合戦 經高盛綱高兄弟四人度々致軍忠

同 二郎 經高 —— 椙山合戦三度之魁 —— 弥太郎 高重 承久合戦之時於京都自殺

同 三郎 盛綱 —— 太郎 信實

同 四郎 高綱 —— 重綱

同 五郎 義清 石橋山合戦並木曽追罰和田合戦之時魁者也

号 吉田 嚴秀 —— 吉田太郎 桊秀 —— 秀信

四郎 ○信綱 正治二年近江国住人柏原弥三郎誅戮也 院方走参鎌倉度々致戦功者也法名紅佛

左衛門尉検非違使壹岐守近江守護
健治二年同五月逝去法号西光
〔江南六角流〕

六角　三郎

桊綱

イ本桊

○氏信

四郎　近江守　号桐谷尉〔江北京極流〕

永仁三年逝去歳七十法名道善

○満信

三郎　左門尉　佐渡国之被任 イ目代 イ探 蓋題号佐渡守

○満氏

佐渡判官

人皇九十五代
後醍醐帝
御代也

四郎
○宗満
越前国黒田郡池上西郡知行
号黒田左衛門尉

号池上太郎　佐渡守　住越前国池上郷
○定満

黒田佐渡介
信満　子孫アリ

北陸の黒田氏は此裔か
越前郷士黒田氏
越後蒲原郡住上杉重臣
黒田氏
遠州流茶人黒田正玄

黒田二郎
○高満
判官代備前守
近江国坂田郡
長岡庄を割譲《かつじょう》し、
黒田六郷とする

宗満　子孫アリ

此裔也
足利幕府直臣となる。

黒田四郎
○頼満
文保貳年戊午
嶋津道鑑殿御代薩摩下向
〔五代貞久公ノ時〕

太郎二郎主水正
頼房　子孫アリ

嶋津家臣黒田氏は
此裔也。

註（後筆アリ）
※苗裔江戸期幕末維新回転時に
黒田清隆（伯爵）政治家（第二代総理）
黒田清輝（伯爵）藝術家（画）

賀県を始め内外の県郡史誌等を跋渉したが、容易に目的に辿《たど》り着くことが適《かな》うことなく馬齢を重ね、老齢の躰となったので論衡を執筆することにした。

『薩摩藩・島津氏家臣黒田氏「源氏黒田繼圖略系圖」』
〔出自〕宇多源姓佐々木京極流　黒田氏
〔本貫地〕越前國黒田郡・池上西郡知行
〔幕紋〕丸之輪中四ツ目結　口傳《くでん》ニ有
〔氏神〕七社大明神（御正躰者・十一面観音・正観音・順礼勢至・千手観音・馬頭・如意輪・十一面）
〔註記〕七社大明神とは越前の古き大社黒龍大明神であり別当神宮寺院は真言宗黒龍山（龍ノ宮）寂静《じゃくじょう》院であるとの結論に達した。
寂静院は明治初年、神佛分離により廃寺となり、浮字号を新寺建立禁止令の為、真宗大谷派への転派の名目を得て、現在も黒龍山寂静寺として旧黒龍神社近くに存在している。

この大永二年（一五二二）より、黒田宗家に秘蔵されて來た系圖の写が齎《もたら》されたことによって、中世越前に黒田郡が存在した傍証の一端にはなるのではないか。佐々木黒田繼圖が何を拠り所としたのかは明らかではないが、室町期に記録されたものであり、徳川の世になって恣意的に捏造されたものでないことは、珍重に値すべきものであろう。薩摩黒田家は虚偽のことを書く必要がないのである。

筆者が憶測するに、南北朝期、系譜の乱れを糺すため、朝廷において、大納言（洞院《とうのいん》）藤原公定《ふじわらのきんさだ》によって編纂《へんさん》された、「尊卑分《そんぴぶん》脈」あたりを根拠としているのかもしれない。

なおまた天正六年（一五七八）に生を享《う》け、丹羽越前守（五郎左衛門尉長重《ながしげ》）に仕えた武士に越前黒田郡住の黒田七郎左衛門尉《しちろうざえもんのじょう》（一五七八〜一六五三）がいた。

関ケ原の戦の後、慶長年中に辞し、剃髪して、名を正玄《せいげん》と改称し、のちに京都に移り住み茶湯《ちゃのゆ》を小堀遠州《えんしゅう》に学び、直系の茶人として、また遠州の推挙により、徳川将軍家の柄杓《ひしゃく》師となり、千家《せんげ》十職の一人、として三千家に出入した黒田正玄は黒田郡の出身であると、自伝に書き遺《のこ》している。この子孫は代々正玄《せいげん》を名乗《なの》り、京都に住んでいる。また子息の中には、大名家に仕官した者もあるとの由緒書である。

斯様《かよう》に考証すれば、黒田郡の呼称は、南北朝時代以前から天正年中まで使われていたことになる。

朝倉家の「節用集」にもあり、江戸期の寺島良安《りょうあん》が著《あらわ》した『和漢三才図會』にも「越前十二郡として、黒田郡・池上郡と在る」のは、恣意に捏造する必要もなく、確かな根拠があったのであろう。

・論説

『源氏黒田繼圖』とは、薩摩嶋津家家臣佐々木黒田宗家の系譜である。

「池上西郡」とは、現・あわら市池上の西方を謂い、隣接の黒田郡とは、森田・高木・高屋・辺りまでの地域を指すのであろうが、現在のところ区域や地名等の判明できる資料がない。

「黒田《くろだ》」とは、古くからの開拓により、みのり豊かな良田のある土地を謂う。

「黒田氏」は、同苗異流も多く本姓や本貫地を見極めることが、肝要である（全国にかなり多い。郡・庄・郷・里・村が附く）。
「嶋津忠久（惟宗《これむね》）」は、鎌倉期には、越前守護職《しき》に任じられ、越前嶋津家（忠久舎弟忠綱）越前との縁により関わりが深い。越前国大野郡伊豆地《いずち》村に畠山重忠の遺子を匿《かくま》い、後、薩摩の伊地知氏となる。（大野郡誌）
「坂東島（勝山市北郷町）」は畠山氏の家来が遺子を守るため坂東より来住し、住み付いた人々の子孫である。上志比大月氏も此裔か。研究の余地あり。

第三章

異聞、北袋一揆と島田將監傳の考察　その生涯と出自について

島田將監《しょうげん》は「大野郡人物誌」に依れば、「郷土哲人傳」とある。要約すれば、天文三年（一五三四）北袋之内、堀名中清水《ほりめなかしみず》村の壇ヶ城に生まれる。終焉は、天正八年（一五八〇）三月隣村野津俣《のつまた》（現・勝山市野向町野津又）にて生死不明となる。歳四十七（墓は檀那寺〔現・永平寺町東古市〕和田山本覚寺墓地にある。「正房《まさふさ》、幼名福丸、號して將監《しょうげん》といふ。母は朝倉彈正左衛門尉教景《のりかげ》の娘八重。島田家第四代を繼《つ》ぐ。島田氏は橘姓楠家より出づ。

祖、正直の父恵秀律師《えしゅうりっし》大野郡白山平泉寺に伯父正成《まさしげ》の霊廟を建て其の菩提を弔《とむら》ひ

しが、後、沙彌《しゃみ》正行と改名し、同郡鹿之谷保田邑《むら》（現・鹿谷町保田）字反歩島田に閑居せり。正直、父の遺跡に居住し、茲《ここ》に島田氏となる。二代正保武勇に長じ、國主朝倉彈正左衛門尉教景に仕へ、文亀永正の加越能三州合戰の際軍功ありて大野郡北袋千五百貫の地を賜はり、同郡堀明村（現・荒土町堀名中清水）に壇《だん》之城を築く。（現に城趾あり）將監又居城とす。和田本覺寺（現・永平寺町東古市）の女《むすめ》、幾代《いくよ》を娶《めと》り五男一女を擧ぐ。一弟一妹あり。弟は幼名、正丸、武者修業の爲諸國遊歴跡紀州高野山麓に居住せる由、妹は和田本覺寺の室となる」

とある。

『事歴』の「活躍の来歴」概要［漢文体］

朝倉義景爲織田信長被責〔せめられ〕元亀四年八月十六日（天正元年の誤りか）一乘の本城廢走、同二十日大野郡山田之庄於于《に》六坊賢松寺、被欺于逆臣同姓（朝倉）式部大輔景鏡《かげあきら》、自害一家　悉斷滅矣《ことごとくだんめつたり》、正房、無念徹骨髓頻企弔合戰、和田本覺寺・石田西光寺等《とう》、其外國中諸坊主牒合《ちょうごう》、石山本覚寺顯如《けんにょ》（諱光佐《いみなこうさ》）上人乞援兵〔えんぺいをこい〕、則《すなわち》、坊官下間築後法橋《ほうきょう》（律師に相当）同和泉守・七里参河守・本田土佐守等、被差向之〔これをさしむかわせられ〕、於于此、朝倉譜代浪士・國中恩顧輩《やから》感馳集、天正二年（一五七四）甲戌《こうじゅつ》正月十八日桂田播磨守《はりまのかみ》長俊（旧前波）之居城一乗（谷）新城責落《せめおとし》、是時、正房先鋒焉、同二十二日織田家之三奉行之居館于北之庄《きたのしょう》押寄、晝《ちゅう》夜責悩、津田九良次郎（信長の一族か）・木下助左衛門・明智十兵衛（秀光）・三将追退、于濃州（美濃）二月五日、増井甚内之片山城責落、同十三日毛屋伊之介之北之幾城責落、同十八日溝江大炊介長逸《おおいのすけながやす》之金津城責落、同日富田彌六郎長秀《ながひで》之府中城責落、續《つづいて》而欲責寄、最逆臣式部大輔之居城於于此景鏡、無身置所、漸憑《ようやくたのみ》、平泉寺《へいせんじ》衆徒寶光院《ほうこういん》引具於妻子、從類《たぐいをしたがえて》而二月上旬捨亥《い》山居城（大野）蟄居于平泉寺山内依之焉、討景鏡（改名して土橋信鏡）、諸將于檀之城會合、是時、正房先寺門西、村岡山構出丸從、三月二十七日責於平泉寺自夫已來《いらい》、合戰數度勝敗未決、同四月十四日式部太輔爲惣大將一山衆徒都合八千餘人從未明于《に》村岡城寄而、合戰最烈、是時、和田本覺寺引卒七山家（現・勝山市北谷町）兵而從、平泉寺搦乗入一山放火可憐七社之寶殿四十八末社、三十六堂三千之坊舎忽成灰燼《たちまちなるかいじん》、村岡之寄手受敵前後進退失、途悉被討殺、忽《たちまち》大將景鏡被取巻于、敵三萬餘騎大戰《おおいくさ》疲終于焉、袋田村住人室屋《むろや》五良被討

首謚天罰歴然也、凡《おおよそ》今度之合戰偏因、正房

狂歌
「日の本に隠れもなき、その名をあらためて、
果ては、大野の土橋となる」
※信長より賜った名前（土橋信鏡《とばしのぶあきら》）
「旧・土橋城（現・日吉神社）立札に揶揄嘲弄《やゆちょうしょう》された」

智略《ちりゃく》故《ゆえ》顯如上人爲其恩賞賜、蓮如上人眞筆、六字名號及御劍（薩摩国住人波之平行安作）等被宛行《あてがわれ》、北袋五十三箇村畢、然而《しかるに》、翌年天正三（一五七五）乙亥《いつがい》秋、信長再引卒十萬餘騎于當國亂入、石田西光寺、下間筑後法橋楯籠木芽峠要害、七里三河守之湯之尾峠砦、和田本覺寺之鷹巣城其外三十餘箇所要害悉被責墜《ことごとくせめおとされ》依レ之《これによりて》八月三日顯如上人北袋五十三箇村遅羽四箇谷江《え》御書同九月上旬信長命、柴田勝家・金森長近・令責壇之城《だんのじょうせめせしめ》及《および》村岡兩將引卒五萬餘騎責當城、正房父子雖防之《これをふせぐといえども》無利而《りなくして》、

同五日遂落城、正房父子漸遁圍集、残黨楯籠《ざんとうたてこもり》野津又砦屍防敵、同十一月顕如上人賜御眞書被賞正房之戰功《ごしんしょたまいまさふさのせんこうほめられ》、同五年中復亦《またまた》賜御書　雖　然《しかりといえども》　同八月閏《うるう》三月柴田修理亮《しゅりのすけ》勝家、加州追捕之時、命一族柴田監物義宣《けんもつよしのぶ》、舎弟三左衛門等、令責破《せめやぶりせしめ》野津又城、正房辛而遁　圍《かろうじてのがれかこみを》　落行厥後遂不知生于時《そのごついにせいをしらずときに》、「年齢四十七歳」とあり、正房の嫡男正良《まさよし》等、加賀江沼《えぬま》郡波佐谷に潜伏して、天正十五年（一五八七）〔現・勝山市北郷町森川〕に移住、島田忠右衛門の祖となりたるを以て、加賀江沼郡方面に落行きしことは明かなれど、生死は不明なり。猶復《なおまた》、顕如上人より拝領の御書は、「平泉寺の浄土眞宗本願寺派西念寺に藏し、面目躍如たるを覗《うかが》ふ。

寒冷之候　彌《いよいよ》　無異珍重ニ候當山無恙《つつがなく》候其他野津又ハ加州打越候由誠ニ大切ニ候、先度之夜討寄手數百討死引退《ひきのき》候事勇々敷候味方手負等モナク速ニ得勝利《しょうりをう》不思議之至ニ候佛祖之加護且《かつ》楠家之智謀候任　音　問《おんもんにまかせ》　兩人下向候名號旗太刀當座ニ進候尚委曲少進（少進とは下間氏のこと）可申談候

【系圖】橘姓楠家

- 正成
  - 正行
  - 正之
  - 正儀
- 正遠
  - 惠秀津師
    - 正秀法眼
      - 権少僧都正光
      - 権大僧都惠光
      - 権大僧都智光
    - 正直（島田氏祖）
      - 正保
        - 景良
          - 正房（將監）
            - 正良〇〇
            - 治良三郎（發坂に）
            - （女子）
            - 彌部次郎（堀名に）
            - 勇助（福井に）
            - 左近
        - （女子）
        - （某）
- 正氏
- 正季

【終焉】年月日不詳

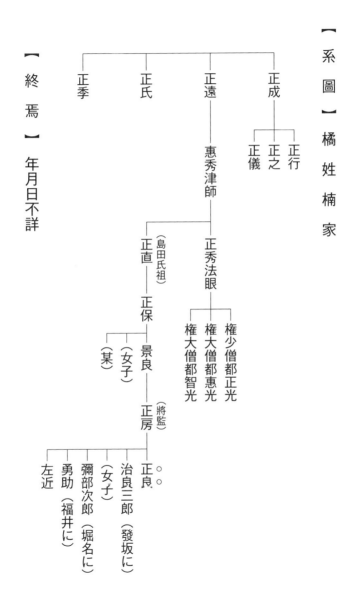

不宣

霜月十九日　　　　顕　如　華押

島田将監殿

（註）「將監」は私称である。また近衛府の判官（尉）のこと。

將監並に壇ヶ城については「朝倉始末記」、「越前名勝志」、「城迹考」、「類聚國誌」、「享保書上」、「元文年中御改書註記」、「大野郡誌」に見えたり。

【註記】

誤字の訂正、趣意に不適当と思われる文言は一部訂した。

『島田甲斐守《かいのかみ》正良傳』についても同じ。

『島田甲斐守正良傳』甲斐守は私称である。

「正良《まさよし》、幼名千代松、號して甲斐守。父は將監正房《まさふさ》。母は和田本覺寺（元・永平寺町東古市）の娘幾代。天文二十三年（一五五五）甲寅《きのえとら》父将監の居城壇之城（現・勝山市荒土町堀名中清水に城趾あり）に於て誕生」

〔終焉〕　年月日不詳

「元亀天正の數度合戰の際肺肝を砕くと雖《いえど》も、運拙《つたな》くして天正八年（一五八〇）庚《かのと》辰《たつ》春、野津又城（現・勝山市野向町）敗去の後、加賀國江沼郡波佐《はさ》谷に竊居《ちっきょ》すること凡《おおよ》そ八年、同十五年丁亥《ひのとい》故郷を慕ひ再び歸りて森川（現・勝山市北郷町上森川）に移住したり。

父將監正房以來本願寺に對して勤功ありたる爲、北袋五十三箇村の惣道場御取立となり、祖師聖人自作の眞影《しんえい》及び先代信暁院の御影とを北袋五十三箇村惣拝の爲に賜はる。現・勝山市荒土町別所賢勝《けんしょうじ》寺に納藏、年一回惣拝勤行す）依りて御講を締び、毎年幾許《いくばく》の勤物を宗主に獻《けん》じたる爲、御感により消息を賜ひ、之を十六日講と號し、尚永久に白書院御禮式の恩免を被《こうむ》る」と。

その次第は「千福丸、號治良三郎は發坂（現・鹿谷町発坂）」に、

「妹早世、三弟彌部次郎は堀名（現・勝山市荒土町堀名中清水）に、四弟勇助は福井に住し、五弟左近は不知所《ところしらず》」と。

〔島田源次郎の祖〕

〔現・勝山市鹿谷町本郷〕（寺院の前に居宅があったため、家号は門前と謂う）

〔終焉〕不詳

（系　圖）

将監正房――（二男）治郎三郎（源左衛門祖）
- 源右衛門（發坂）――源次郎（本郷）
- 治郎三郎（福井市發坂屋）

〔島田将監の裔〕

発坂の島田家（勘兵衛）本郷の島田源次郎家は、天正の一向一揆の将たりし将監の後裔で、発坂の島田に居りしに基づき、福井市の発坂屋は、またその分家だと謂われている。

また、他に源次郎の舎弟の粂次《くめ》郎も本郷に分家したと記されているものもある。

系譜上の子孫は「將監正房の三男彌部治郎の裔は、父の故地堀名に住み、地元民から彌部《やべ》さんと呼ばれていた舊家であった」が、今はない。分家筋の島田弥【彌】三郎家と島田弥【彌】三兵衛家の縁は続いている、とのことであった。

以上は正室を母とした（伝本覚寺姫幾代より出生した子）。

「他に」、家伝により庶子として將監の子孫を称する島田（嶋田）氏はかなりある。

現・勝山市内に島田氏を名乗る家が多い原因であるかもしれない。大野市の松田氏も、この類であろうと思われる。庶子の二家を紹介（他にもあるかもしれない）すると、

「現・荒土町布市《ぬのいち》」の「島田新右衛門家覚書」に記録されていた。

「天正の一向一揆が起こり、瀧波川右岸は一揆側が占領し、左岸は平泉寺衆徒による鉄壁の守りは固く、多くの死者の赤い血で染まった」と伝えられている。戦さに破れ敗退し、逃げ込んだ先は対岸の布市村の名主層の頭百姓《かしらびゃくしょう》であった、藤左衛門は匿《かくま》い、

娘に將監の世話をさせた。娘は男子を産み、子より代々島田氏を名乗り今に至っている。

「元荒土町北新在家、島田彌右衛門家（家號は彌殿《やんどん》）と呼ばれている」と。

野津又《のつまた》城合戦時は、野津俣【現・勝山市野向町北野津又】に在住、戦後野向新在家に移住した。

この島田氏も、布市の島田氏同様の経緯《いきさつ》である。

天正二年（一五七四）四月以降白山平泉寺は灰燼に帰し、九万石・九万貫、三十六堂四十八社、僧兵八千人、世に六千坊と謳《うた》われ、金殿玉樓甍《きんでんぎょくろういらか》を並べ六百年に亘り繁栄を極めた中世最大の宗教都市越前白山平泉寺は神社佛閣も消失し、終焉を迎えた。

ために全山江戸期以前の文書や資料は断片的なものしか残らず皆無に等しい現状では、新出の一次資料は望むべくもないが、「將監と同時代を生き、越前を本願寺領國化する爲、加賀の一揆衆の一人である、中之坊舎祐四郎（当時現・勝山市村岡町瀧波に住）が北袋一揆の戦乱を体験見聞きした」ことを書き遺した古文書があり、歴代の当主以外には披見させない門外不出の宝物であるとのことである。

筆者は、縁あって、今より五十年前、これを披見するだけの許諾を得たので古文書を一読、その記憶を便《たよ》り考察する。その主な内容を傍証とし度い（中之坊舎祐四郎遺文の価値は高い）。

次の通りである。

一、島田將監正房の出自は未詳である。

一、陣幕の定紋は井筒剣菱である。

一、平泉寺との戦いで中之坊舎祐四郎は狐塚《きつねづか》を預《あずか》る一方の旗頭で、これに陣を立て死守している身分であること（現在狐塚の場所は不明）。

一、瀧波川を挟んでの激しい生々しい修羅場の攻防の有様を見聞し、場所・死者の数などが書かれている。

一、瀧波の村地頭（名主）多田太次右衛門のこと。太次右衛門は藤島超勝寺の傘下の郷士で、大日峠を越えて来住（清水島は皆同じ）し、定着した。

また、清水島住人は（現・小松市清水谷の出身であると謂われている。それは「清水島村の氏神は八幡神社であるのも清和源氏である太次右衛門」に由来しているのであろう。

瀧波川を挟んで隣村の布市《ぬのいち》も本覺寺傘下にあり、加賀（布市）「現野々市市」より大日峠を越え越前へ定着、布市神社より市姫神社を勧請し村の名を布市と改めた。地侍《ぢざむらい》黒田公文《くもん》は道場坊主と名主（庄屋）を兼務した。加賀より一揆勢として来住した者は大体他集落も同じである。

太次右衛門は摂津の清和源氏多田氏の苗裔《びょうえい》と称して清水島の雲舞城《くもんき》に住し、平泉寺を攻めるべく出陣し、「敗退時には隣りの新保に住する舎弟多田太次兵衛屋敷（家號は出口）に逃げ込んだ」とある。

その後、太次右衛門は清水島より瀧波に移り住み栄えた。

一、島田將監正房の終焉。
越前一向一揆の最後の戦いで、野津又籠城戦は天正三年（一五七五）から同六年まで続き奮戦したが、一揆勢は敗退する。將監は、行方不明になった。

「遺文」では、「野津又より瀧波に來り同村、久保與右エ門が家に住みしが、同家の娘の世話を受け乍ら癩（腐）病《くさりやまい》に罹《かか》り、死去する」とある。
※「正傳」では、嫡子・甲斐守正良等と共に加賀江沼郡波佐谷へは同行せず、石山本願寺に上山し、本覚寺坊官となった、と信じられている（とすれば、中之坊舎祐四郎の書いていることとは、別人のことか）。

筆者が按ずるに、元亀・天正時代は殊の外乱世激動に揺れ、人心錯綜、虚像と実像がきわめて判じ難く、史実が那辺《なへん》にあるか明らかにしたいものである。

私見ではあるが、大胆な考察も必要である。

一、「出自」については、「中舎遺文《いもん》」にあるように、未詳であり、家紋も楠家とは無関係である。仮託《かたく》した偽系図であると断じてもよい。

どう考察しても辻褄が合わないからだ。

一説には、「平泉寺境内に裏切り坊主が居《お》ったと謂い、縁者の坊院白山平泉寺神明宮の別当、正覺院（楠氏）があり（また、巷説にも將監の妹が正覚院主に嫁いで居《い》たとも謂われている）、將監と共謀、調略して情報を流し平泉寺へ討入った」と。

このことは、系図を見れば明らかである。

保田村の字島田に住んだ（現在・河原）名主層の台頭《たいとう》した者で、荘園の管理を請け負い平泉寺坊院に神物《しんもつ》や物成《ものなり》・正供《しょうく》（年貢）等の粗税を納めていた殿原《とのばら》衆で保田殿と呼ばれており、戦さがあると、配下の若者数名を従え出陣したのであろう。朝倉氏家臣であったと記される所以《ゆえん》なのだろうが、「一乗録」に朝倉氏家臣の百二十三家の中にも島田氏の記載《きさい》はないが、これによって所領が安堵されるのは、当時の常識である。

なお、系図仮託の話は、天正三年以前に許諾を得ていたのであろうことは、「顕如《けんにょ》上人消息《しょうそく》」によっても明らかである。

道観兵衛と島田將監正房のこと

◎猶《なお》また、強《し》いて推考すれば両者共公許された受領名《ずりょうめい》ではなく私的に侍苗字や官途《かんと》公名《きみな》を名乗り武士らしく見せている。階級上昇の願望の現れであろう。

細野ノ悪源次《あくげんじ》……　孫　道観《どうがん》兵衛《ひょうえ》
（註）兵衛《ひょうえ》とは兵衛府に属し、閤門《こうもん》を守衛し行幸《みゆき》に供奉《ぐぶ》した兵士。
穂田《ほた》（保田）ノ田処《たどころ》（所）弥五郎……　孫島田《しまだ》将監《しょうげん》正房《まさふさ》
「田処は荘園の荘官の役目　島田（保田の小字名）は苗字」（名字）（将監《しょうげん》（註）近衛府の判官（じょう））
正房《まさふさ》は諱《いみな》（二字）　大身の武士の名乗《なの》りである。
※島田将監については、本願寺受領官途名を付与したのかも知れない。天正三年～六年までの三年間野津俣（勝山市）城の戦いに柴田権六勝家・金森五郎八長近連合軍を討ち破って戦い、佛敵五百人以上を討取りし功を嘉《よ》みし檄文の中に楠正成の武略を踏襲している者と書き贈《おく》っている。
（註）天文年間になると本願寺が受領官途《ずりょうかんと》名を付与《ふよ》している。（井上鋭夫《としお》『一向一揆の研究』）

この時代の一向一揆勢は、物心両面より強固に武装された大軍団であって、「土民・百姓」という表現から、江戸時代あたりに散発した貧弱な百姓一揆の筵《むしろ》旗などを想像することは誤りである。

※「朝倉始末記」によれば、永正三年（一五〇六）、本願寺一揆軍と朝倉軍との戦いに、藤島中郷（現福井市）の朝倉軍を攻撃した和田本覚寺方の一揆勢の中に、「細野ノ悪源次」と「穂田《ほた》ノ田処《たどころ》（荘園の管理者）」がいたと伝えている。

一揆軍三十万人朝倉軍一万五千人と言われている。

【註記】

一、將監は和田本覺寺傘下の門徒である。「母は国主朝倉彈正左衛門尉教景の娘、八重とあり、また妻は、殿様（御前）と尊称されている門徒、万を擁する中本山の姫であり、妹は和田本覺寺寺室となる。祖父正保《まさやす》が堀名村に壇之城を築き、將監又居城とす」とあるが、当時の社会通念として到底信じ難いことである（養女にした女《むすめ》を娶《めと》ったのであれば解る）。

「評傳」は一貫性がなく、史実が闕《けつ》如している。

一、堀名、壇ヶ城（砦）崂崎《ほうき》、三室山城（砦）蓬生《よもぎ》、妙法ヶ鼻《はな》（端《はな》）城（砦）、保田

經（経）ヶ獄山麓西光村に連繋する中規模の山城（通称・城山）を（西光寺城・保田城は）城山と謂っている。近年、元・朝倉遺跡資料館長で、中世山城研究の第一人者である青木豊昭氏の調査報告により、その全貌《ぜんぼう》が明らかになった。本覚寺勢は、対平泉寺戦に備え大野郡坂谷郷まで含み戦線隈なく張り囲《めぐ》らしたのである。

それが朝倉式の空堀《からぼり》等の堅固な山城である、とのことであった。その大なるものが村岡山城（砦）であり、和田本覺寺傘下の本願寺門信徒によって築かれたものである。その平泉寺攻めの大将に武辺者の島田將監が選ばれたのであろう。

壇ヶ端城で共に戦ったと謂う、細野の道願兵衛《どうがんひょうえ》と、永正期に戦った細野の悪源次は同一人物か否かは、永正三年（一五〇六）より天正二年（一五七四）までは七十年の差があり、同一人ではなく、血縁者とすれば祖父に当たる年月である（悪とは、強者という意味である。悪源太義平・河内の悪党楠正成や悪七兵衛景清等の呼称）。

ちなみに、道願兵衛《どうがんひょうえ》の苗裔が存在したとは聞いたことはないが、現・大野市に道願氏を名乗る者はあるが、現勝山市にはいない。信じ難い巷説ではあるが、真宗三門徒派本山（現・福井市木田中野山）専照寺の開基は、道願兵衛という百姓の子である、との伝説もある。

細野の現・勝山市荒土町細野とは、白山念佛の行道である大日山麓に存在する新道・西ヶ原戸倉朴木谷《ほうのきだに》・境の総称である。これは地形を指《さ》すものと思われているが、さに非ず、加賀の細野氏が開拓して住み着き支配したため、氏《うじ》が地名となったもので、加賀苗字の者も見受けられる。大日連峰の背の山を越えれば、杣人《そまびと》が住む九谷であり、轆轤《ろくろ》師が木地椀等と細野人の作る米と物々交換がなされていたという。現に細野氏を名乗る者は、勝山市の町に居住している。

「中之坊舎」とは、現・勝山市滝波町ふれあい会館敷地にあった坊主衆の宿舎のことであるが、上の坊舎・下の坊舎もあったのであろうが、不明である。この坊舎を守護していたのは、中之坊舎祐四郎（菅原道真の末裔と称している）と謂われるのであろう。平泉寺灰燼後、瀧波、中之坊舎跡に屋敷を構え、一揆動乱の見聞を書き留めた貴重な古文書なのである。死蔵されることのなきよう見たままの真実を開披されんことを願っている。

・瀧波に伝わる能面について　天正二年四月平泉寺攻滅した時、（瀧）波の一揆衆が戦利品として持ち帰った古き三面（平泉寺境内の長床《ながとこ》（拝殿《はいでん》）に祀られしものか）を今に伝えている。能面は神佛の化身であると神聖視されていたため、祖先は忸怩《じくじ》（恥じ入ること）たる思いから、滝波川上流の小原より流れ来たり、三本足の烏《からす》（太陽を表す）が、村長《むらおさ》多田太次右衛門の田圃に飛来し、そこに三能面が流れ着いたのを祭祀したとの伝来譚を創ったのであろう。

能五流秘蔵の能面にも劣《おと》らぬ優品であるとのこと。北谷にある七面も伝来は、同じく小原より流れ着いたとの伝承である。

他にも数多《あまた》の佛像や美術工芸《こうげい》品が持ち去られ、各地に飛散している。

この項のおわりに、歴史とは、滔々《とうとう》と絶え間なく流れる大河の如きものであり、その一滴の秘史が世に一向一揆と呼ばれているものであろう。

どれだけ宗教性があったかは分からないが、深い繋《つな》がりがあったことだけは確かだろう。今ここに、先人の研究を便《たよ》りに父祖の足跡を温《たず》ね、この秘史の万分の一でもお伝えし、江湖《ごうこ》のご批判を仰《あお》げれば甚だ幸かと存じます。

「一向一揆とは」、何だったのだろうか。この章の最後に、簡単に整理してみる。

まず「一向宗」とは、浄土眞宗の中世から近世にかけての俗称である。

宗祖の親鸞聖人（一一七三～一二六二）は、阿弥陀如来の本願だけを信じて、一向《ひたすら》に念佛を称えることを強調したため、往時鎌倉末期には他宗他派の僧達が、その教義を「一向義」、その信徒を「一向門徒・一向念佛衆・無碍光宗・一向宗・門徒宗・一講宗・他力宗」などと呼んだところから一向宗の呼称が俗称になったと伝えられている。

『一向一揆の歴史』

一向一揆の歴史は、文明六年（一四七四）七月に始まり、約一世紀を経《へ》た天正八年（一五八〇）十一月信長の家来柴田勝家による加賀平定で終わる。戦国動乱の主役となり、また脇役でもあった一向一揆が、中世史の流れに及ぼした影響は頗《すこぶ》る甚大である。

第四章

超勝寺・本覚寺の両寺末寺帳から見た越前諸寺院の近世における動向について
附　寺号改号について

松原信之

一、超勝寺・本覚寺末寺帳の成立とその背景

近世以降に作成された縁起や由緒書類は、特定のものを除いては史料としては使用出来ない。縁起の義は元来、佛語に起因し、霊験などの傳説を含めて社寺・佛像・寶物などの由来を記したもので、史料としての価値からは程遠いからである。

由来記類は、一般には縁起と由緒を併せたようなもので、社寺の住持が後代のために傳承記録などを集めて寺歴として作成したものであるが、寺社奉行所等へ提出され

た文政十三年（一八三〇）の「寺院改め」の際の由緒書は、越前各地の寺社にもかなり残存する。

江戸幕府による寺院統制が、次第に浸透し完備すると、各宗各派の宗教活動も形式化してきて、各寺はこぞって寺格や寺僧官職に意を尽くすようになり、特に眞宗諸寺院では寺格や官職昇進のため、出来るだけ古い歴史を有する由緒ある寺院であることを故意に強調して、宗祖親鸞や中興の祖蓮如への帰依により轉派したように作為して作成されたものが多い。

また明治維新後は、江戸期における中本山からの本末を解除して本願寺直末となったが、現代はこれを忌秘する傾向も強い。眞宗東派寺院の多くは、近世以降に寺号が免許された寺院や他派からの轉派寺院で占められているのに対し、西派寺院では院家や一家衆寺院の本末関係から成立した由緒深い寺院が多く、江戸期の本末関係は寺院の成立を理解するのに欠かすことの出来ない歴史事象となっているが、これに先立つ中世末期の本末関係を示す貴重な史料が、「西本願寺文書」の中に中世末期の超勝寺・本覚寺末寺帳として二点傳来する。

これは「中世末北陸における眞宗寺院の本末関係について」『近世佛教』（大桑斉著・近世佛教会刊・一九六一年六月第4号）において全文が紹介され、大桑氏はこれによって近世幕藩体制の中での本末関係を究明しようとされた。

この二点の末寺帳の前者をA、後者をBとすると、Bは天正十九年（一五九一）成立のものであることは明白であっても、Aは成立時期が不明なので、この成立時期の推定を中心に詳述されている。結論からいえば、大桑氏はA末寺帳を「享禄の錯乱」直前のものと推定されている。

永正三年（一五〇六）七月、総数三〇万といわれた（『賀超闘諍記』）加賀・越中・能登の一揆勢が越前の川北一帯に侵入するが、これらを敗退させた後、朝倉方は本願寺派寺院門徒を一掃して加賀へ放逐した。越前を追われて加賀へ逃亡した越前の大坊超勝寺・本覚寺の両寺勢力は、領国拡大を望まない現状維持派の加賀三山の大坊主（一家衆の若松本泉寺・波佐谷松岡寺・山田光教寺）と激しく對立した。

前者を大一揆、後者を小一揆と呼び、享禄四年（一五三一）閏五月に両者は衝突して大一揆側の完勝に終わった（享禄の錯乱）。

この結果、北陸の本願寺諸寺は、加賀三山の大坊主に従う寺院と、越前を浪人して加賀国へ退轉した超勝寺・本覚寺の両寺に組み込まれた諸寺、この両派に所属しない中間層の諸寺の三勢力に分かれたと推定される。超本両寺に従った末寺は、両寺とともに越前を追われた越前系諸寺院は勿論、加賀・能登・越中の諸寺院で加賀教団に對して獨立した教團たることを明示する必要上編成されたのが「A末寺帳」であった。従って、超勝寺方は加州（加賀）分十二箇寺・越中三箇寺、本覚寺方は加州分十五箇寺・越中分十二箇寺を擁する大坊に成長していた。

『石山本願寺日記（天文日記）』天文五年（一五三六）十月二日条には「従超勝寺并《ならびに》加賀越前両国坊主衆惣門徒中、本覚寺ハ超勝寺末寺といわれ共申上、本末儀申付候へと申上候」とあり、一心同体として活動していた超・本寺さえ、未だに本末を問題として相論していたことが知られる。

永禄十年（一五六七）に足利義秋（義昭《よしあき》のちに足利十五代将軍）の仲介により加越《かえつ》の和議があり、加賀に追放されていた本願寺派寺院門徒は続々と越前に還住し、超・本両寺も越前の旧跡に帰住すると、従来の加越の末寺の多くは超・本両寺から離れて獨立した。

天正元年（一五七三）、朝倉氏が滅亡して織田信長の部将、柴田勝家が北庄《きたのしょう》城主になると、再び一向宗徒の弾圧に乗り出したが、勝家が滅亡して丹羽氏を経て天正十三年に（一五八五）一向宗徒の堀秀政が、北庄城主に変わると一向宗の保護に乗り出し、多くの一向宗道場や門徒が増加した。堀三左衛門秀政は、美濃国の道場坊主の出身であったので、秀吉も認めたのであろう。

それまでは朝倉氏や柴田氏の一向宗の弾圧によって、眞宗の空白地帯となっていた越前における道場の育成や把握に努めた超勝寺・本覚寺両寺が越前を巾心とする新たな超・本両寺の末寺帳が必要となり、その結果が、天正十九年（一五九一）に編成された「超勝寺・本覚寺の末寺帳」（B末寺帳）の成立をみたのであろう。この末寺帳は、加賀に在住していた当時の「A末寺帳」とは異なり、加賀・越中の末寺の多くが超本両寺から離れたとはいえ、それでも新しく加越の末寺が加わっている。

これは、先の「享禄・天文の錯乱」によって退転した諸寺が、両寺の末寺化したものであった。この加越の末寺の他、近江国の与力末寺までを傘下に収めているが、越

A表　天正19年の超勝寺と本覚寺の末寺数（B末寺帳）

国名		越前	加賀	能登	越中	美濃	近江与力分	計
超勝寺	寺院	2	12		4	1		19
	道場門徒	8	6		4			18
	計							
本覚寺	全	9	11	2	12		24	58
	全	48	1				7	56
	全	57	12	2	12		31	114

注　寺院は寺名のあるもの、道場は法名のみのもの、他に在家・在所名も含む。

前を中心とする多くの末寺・道場・門徒のみならず、在所をも擁する大坊に成長していた（上のA表参照）。

慶長七年（一六〇三）に本願寺が東西に分派すると、越前以外の諸寺は両寺の末寺から離脱し、越前における末寺道場も一部が両寺の末寺に残ったものの、多くは本願寺直参化したり、東派へ転派して両寺から離末していった。超勝寺自体は越前に残って東西両派に分かれ、本覚寺は加賀小松の通寺（掛所）が独立して東派本覚寺になったが、越前の大坊の多くは西派に属し、本覚寺・真宗寺・照護寺の三ヶ寺は吉崎御坊の例に従って西御坊（浄土真宗本派福井別院・西別院）の後見になった。

大桑氏の論稿は、主に加賀の諸寺院の変容に重点を置いて述べられているので、本稿では越前における末寺道場門徒が東西本願寺の分派以降、どのように変容したかを詳述してみたい。

概して中世末期の越前における寺院は少数で、一家衆など一部の限られた寺院に過ぎず、大部分が道場で占められた。東西本願寺の分派後、両本願寺は競って末寺の獲得に奔走し、道場に寺号を下付して末寺化を図ったから道場の寺号化は急激に増加した。ただ法名に在所名が肩書されていない道場については、どの寺院になったのかを知ることは極めて困難である。

これを知る手掛かりとしては、各寺に傳えられる「由緒書」があるが、これらの殆《ほと》んどは近世中期以降に寺格を昇進させるために故意に作成されたものであるから、史料としては信用し難い。

従って、天正十九年から程遠くない慶長期・元和期の坊主名が知られる西派の「絹袈裟衆次第帳」・「飛檐坊主次第帳」・「西本願寺末寺帳」（大谷大学図書館蔵）や「院家衆次第」・「内陣衆次第帳」・「一家衆覚」（西本願寺蔵）・「木佛之留・御影之留」（『本願寺史料集成』Ⅰ、千葉乗隆編　一九八〇同朋舎刊）、東派方寺院では「中物帳」（大谷大学図書館蔵）や、その他、両派とも各諸寺に残る木佛寺号裏書や五尊（親鸞眞影・顕如眞影・聖徳太子尊形眞影など）の裏書（記録）などの願主名によって推定し判断せざるを得ない。

猶、「超勝寺・本覚寺末寺帳」を詳細に検討すると、二代（親子か師弟かは不明）にわたる法名の記載された場合も数例確認された。

二、超勝寺末寺帳

（イ）超勝寺末から西本願寺直末となった寺院

・「長勝寺」北袋山（現・大野市錦町）浄土真宗本願寺派

開基は西順。文明年中（一四六九～八七）本願寺蓮如に帰依して大野郡野津俣（現・勝山市）に一寺を建立、蓮如から寺号を下付されたと謂う。永正三年（一五〇六）一向一揆が蜂起した際、朝倉氏によって越前を追われ加賀に逃れたが、「享禄頃末寺帳A」には「2　越前ノッマタノ長勝寺」と見え、「天正19年末寺帳B」にも越前で「ノッマタノ長勝寺」とあって野津俣へ帰住、元和元年（一六一五）大野城下の寺町、現在地に移った。

中世には超勝寺末寺として活躍した当寺も、天正八年（一五八〇）の石山合戦で、本願寺顕如を支援した功によって、後に西本願寺直末となったが、当寺の中世末近世初期の貴重な真宗史関係文書は、大正十二年（一九二三）勝山市に分立した法勝寺に傳来する。これらの文書によると、天正八年の石山合戦には長勝寺門徒の一部の「穴馬八ヶ衆中」の村々らは、主戦派の教如方に属した為、本願寺の東西分派の際には、屡々《しばしば》顕如・准如方への不参態度を示したが、結局は長勝寺に従って西派に属している。

（ロ）超勝寺末寺から東本願寺直末となった寺院

・「照厳寺」聯珠山《れんじゅざん》（現・坂井市金津町清王）

当寺由緒書によれば、文保二年（一三一八）行覚が本願寺三世覚如に帰依して越中国氷見に創建し、応安七年（一三七四）覚順の時、越前国吉田郡久末村（現・福井市幾久町）に移ったと傳えるが、年代的に疑わしく、藤島超勝寺の末寺であったことから、早くとも十四世紀以降の建立であろう。

永正三年（一五〇六）朝倉氏の一向宗寺院追放により加賀へ逃れ、「享禄頃末寺帳A」に「一加州　久末勝厳寺」と見えるが、超本両寺とともに越前に還住したらしく、「天正19年末寺帳B」に越前で「ヒサスエノ勝厳寺」とある。本願寺東西分派の時は、超勝寺を離れて東本願寺直末となり、元和三年（一六一七）坂北郡柿原に、寶歴十年（一七六〇）さらに現地に寺基を移した。

・「燈明寺」（現・福井市灯明寺町）

「天正19年末寺帳B」に見える「10東明寺善宗」とは、福井市灯明寺町燈明寺のことと思われ、慶長七年（一六〇二）の本願寺東西分派の時、東派に属して直末になったらしい。

・「清行寺」誓行寺（現・福井市昭和町）

福井城下の加賀口御門内松本下町にあった清行寺は、慶長年間に了願の開基と傳えるが、「天正19年末寺帳B」に見える「3　了願」と同人かと思われる。寛永十三年（一六三六）四月松平忠昌《ただまさ》が当寺に休息の際、白銀五枚を賜い、速やかに寺号定むべき、との上意より東本願寺より誓行寺と寺号が免許されて超勝寺末寺から離末して、東本願寺直末になったものであろう。天和三年（一六八三）百ヶ寺騒動で東派より西派に転派し、江戸中期に清行寺と改号。昭和七年（一九三二）九月現地に移転した〔明細帳〕。

（八）超勝寺末に留まった寺院

・「徳善寺」（のちに昌蔵寺　永平寺町芝原）

「天正19年末寺帳B」に見える「5　賢乗《けんじょう》」とは、慶長十三年（一六一四）九月三日に下付された「木佛」にある「超勝寺下吉田郡下吉野村　徳善寺賢乗」と思われ、すでに超勝寺の末寺として寺号を得ているが、元和二年（一六一六）八月十九日免許された飛檐《ひえんかん》官は「吉野徳善寺賢乗三才親乗祐名代也、六十五才」とあり不審でもある。親の「乗祐」とは、旧道場名で木佛を下付された賢乗と同人であり、子供と同名であったとしか考えられない。旧道場名だとするのは、永正二年（一五〇五）三月二十五日付「吉野下保住人、窪《くぼ》太郎左衛門尉吉久寄進状」（昌蔵寺文書）に「乗祐道場へ参」とあるからでもある。

『御用留抜集』（松平文庫蔵）元禄九年（一六九六）九月十七日条によれば、郡奉行・町奉行・両御堂に対し江戸より「今度、下吉野村徳善寺并檀方共仕形不届ニ候。依之、寺号御けつり寺破却ニ被仰付候間、左様可被相心得候」とあり、これにより廃寺となった。その後、徳善寺末裔は浄土真宗本願寺派の直参道場となり、住職正慶は医術を以て松岡藩に仕えた功により享保元年（一七一六）九月二十四日に再興され、天台宗の浮寺号を求めて昌蔵寺と称した。

・「善蓮寺」（現・坂井市金津町）

「天正19年末寺帳B」に見える「9　慶誓」は慶長八年（一六〇三）七月九日に下付された「顕如上人真影」裏書にある「超勝寺門徒越前国坂北郡河口庄溝江郷金津善蓮寺」とある「願主慶誓」と同人であろう。慶長七年に本願寺が、東西に分派した際も西派の超勝寺末寺に留まった寺院である。

天正19年の超勝寺と本覚寺の末寺表

超勝寺方

Noは、原文書の記載順番

No	享禄頃末寺帳A	天正19年末寺帳B	近世の変化	本末
2	越前ノツマタノ長勝寺	ノツマタノ　長勝寺	大野市寺町長勝寺	西派直末
5		賢乗	吉野　徳善寺（昌蔵寺）	超勝寺下
9		慶誓	金津　善蓮寺	超勝寺下
1	加州　久末　勝厳寺	ヒサスエノ　勝厳寺	坂井市金津町清王照厳寺	東派直末
10		東明寺善宗	福井市灯明寺町灯明寺	東派直末
3		了願	福井市昭和町清行寺か？	東派直末
4		トナハラ　祐介	不明	
6		慶安	不明	
7		慶心	不明	
8		宗慶	不明	

本覚寺方

Noは、原文書の記載順番

No	享禄頃末寺帳A	天正19年末寺帳B	近世の変化	本末
1	字坂　本向寺	ウサカノ　本向寺	福井市市波本向寺	西派直末
2	スナコタ　徳勝寺	スナコタ　徳勝寺	福井市了勝寺	西派直末
4		キタノショウノ　淨善寺	福井市淨善寺	西派直末
5		カハハタノ　蓮光寺	鯖江市下河端蓮光寺	西派直末
7		オグロノ　西光寺	丸岡町小黒西光寺	西派直末
11		コイナツイ　乗善	福井市小稲津町光福寺	西派直末
13		キダノ　明円	福井市長慶寺初代	西派直末
44		明弥	長慶寺2代	
19		ヨツイノ　正誓	福井　西蓮寺	西派直末
45		正永	西蓮寺2代	
22		同　明心	「北庄照順寺明心」か。興宗寺に併合	
23		トクプデンノ　祐珎	丸岡　淨応寺	西派直末
40		真勝寺	越前市服部　真勝寺	西派直末
9		ゲンタツノ　了願	松岡　慶崇寺	本覚寺下
50		了玄	慶崇寺了願の次代か	
14		モリタノ　善乗	福井市森田　厳教寺	本覚寺下
17		イシマルノ　祐念	越前市定友　唯宝寺	本覚寺下
20		フジシマノ　慶善	丸岡　正善寺	本覚寺下
24		サダシゲノ　了祐	熊堂　正琳寺	本覚寺下
43		了西	正琳寺了祐の次代か	
15		フチノウエノ　淨円	旧淵上村本覚寺下道場か	

No	享禄頃末寺帳A	天正19年末寺帳B		近世の変化	本末
3	越前河尻西光寺	カハシリノ	西光寺	坂井市三国町米ヶ脇西光寺	東派直末
10		ホコガサキノ	祐乗	福井市淨得寺	東派直末
35			祐海	福井市淨得寺祐乗の弟子か	
12		ミクニノ	正空	坂井市三国町唯称寺	東派直末
18		フジセノ	乗西	福井市波寄町成福寺	東派直末
25		イシバノ	道西	福井石場真淨寺か?	東派直末
48			道宗	石場真淨寺の弟子か?	
31		等明寺	西門	福井市灯明寺町諦聴寺	東派直末
36			光福寺	越前市下大虫町光福寺か	東派直末
46			殿下三人	円明寺・淨尊寺・慶福寺	東派直末
32		殿下	慶西	殿下円明寺か?	東派
6		タケフノ	本誓寺	「越前国寺庵」帳にあり。	東派
8		キダノ	定賢	(福井市　橘屋)	在家
37			源内	(福井市二上町加藤源内家)	在家
30		キタノショウノ	木下		在家
16			田尻	(福井市美山地区田尻)	在所
28			杉谷	(福井市麻生津地区杉谷)	在所
42			藤瀬	(福井市大安寺地区藤瀬か)	在所
33			二郎兵衛		在家か?
34			兵衛兵衛		在家か?
53			かや野		在所?
54			国包		在所?
21		キタノショウノ	法西	不明	
26		ヨシウノ	片西	不明	
27		イシバノ	乙ほ	不明	
29		キタノショウノ	了賢	不明	
38			道順	不明	
39			慶心	不明	
41			了誓	不明	
47			淨信房	不明	
49			願誓	不明	
51			明乗	不明	
52			了你	不明	
55			興乗	不明	

三、本覚寺末寺帳

（イ）本覚寺末寺から西本願寺直末となった寺院

・「本向寺」（現・福井市波〔旧・美山町〕）

蓮如の吉崎御坊前に居住する多屋の一坊であった本光坊に由来し、五代了顕まで宇坂大谷に居住。六代了恵の時、蓮如から本向寺の寺号を与えられ宇坂高田村に居住し、後に加賀山代に移転、七代祐順代に宇坂獺《うそ》ヶ口村へ、八代祐幸の時に市波村（現・福井市）に転住したと謂《い》う。

『石山本願寺日記（天文日記）』天文七年（一五三八）二月二日条に、「斎、本向寺」、同年五月八日条に「就当番儀、本向寺如毎月樽出之」と以下、各条に本向寺が見える。「享禄頃末寺帳A」に「―　宇坂　本向寺」、「天正19年末寺帳B」にも「ウサカノ本向寺」とあり、本覚寺末寺であったが、慶長初年に西本願寺直末となり、慶長六年（一六〇一）九月二十日本向寺祐了へ木佛が免許、同十六年十一月十九日に祐玄（三十一歳）に「飛檐官」が免ぜられ、後に「一家衆」となった。

・「徳勝寺」（現・福井市大宮三丁目）

旧・坂井郡西部の砂子田村（現・福井市）に創立され、『石山本願寺日記』天文十二年十二月十日条に「砂子田徳勝寺　就当番之儀、樽《たる》持参」とあり、以下屡々《しばしば》寺名が見える。「天正19年末寺帳B」にも「2　スナコタ徳勝寺」とあり、早くから寺号を免許されている。

　慶長初年（一五九六）に本覚寺末から西本願寺直末となり、寛永三年（一六二六）七月八日に「坂北郡西方砂子田徳勝寺」に「飛檐官」を免ぜられ、寛永十一年十一月五日に「上宮・三朝」の御影が「坂北郡四郷内砂子村　徳勝寺祐了」に免許されている。当時、屋敷は「北庄四ツ割図」には見えないが、万治二年（一六五九）の城下絵図に初めて城下の下寺町に寺名が見えるから、恐《おそ》らく秀康の地子免《ちしめん》以後に砂子田村から福井城下の町屋を求めて移転したものであろう。

　貞享二年（一六八五）の「絵図別記」に「境内悉《ことごとく》町役地」となっているのは、このためである。貞享三年の半知後に明地となった表御堂西方の与力屋敷跡地（旧・

神明裏町）から寺基を移転したが、寛延二年（一七四九）に徳勝寺は了勝寺と改号し、昭和十六年（一九四一）旧西藤島村牧ノ島（現在の福井市大宮三丁目）に移転した。

・「【浄善寺】」（現・福井市宝永一丁目）

「坂井郡池口村（現・あわら市）に創立され、慶長十八年（一六一三）に北庄片町へ移転（『越藩拾遺録』）とあるが、「天正19年末寺帳B」には「4　キタノショウノ浄善寺」とあり、すでに寺号を免許されていて北庄へ移転している。寛永二十年（一六四三）の大火で西御堂（西別院）が類焼したのを契機に御堂門内に入り、以降西別院の役寺となったが、寛永十六年五月七日に「福居御坊性宗浄善寺」「飛檐官」が免ぜられている。天保五年（一八三四）西別院から門外に出て現地の松本地方に寺基を移転した。

・「蓮光寺」（東派蓮光寺、現・鯖江市下河端町・西派蓮光寺、現・永平寺町春日二丁目）

　蓮光寺の開祖は、折立山《おりたてざん》称名寺と同族の佐々木高綱とするから、橋立の真宗寺と同様に元は真宗高田派であったと考えられ、今立郡下河端村（現・鯖江市）に創立。

寺号を免許されていた。慶長初年に西本願寺直末となると、慶長十年（一六〇五）八月二日に「今北郡川保庄蓮光寺淨祐」に木佛免許、元和二年（一六一六）三月十八日には「飛檐官」を免ぜられた。

しかし、元禄二年（一六八九）に蓮光寺は東西両派に分寺し、東派の蓮光寺は当村に残り、西派の蓮光寺は寺基を浅水二日町へ移しさらに松岡町極印に移転した。

・「西光寺」（現・坂井市丸岡町小黒）

丸岡城下外の子黒村に創立。「天正19年末寺帳B」に「7　オグロノ西光寺」とあり、本覚寺末寺としてすでに寺号が免許されている。

慶長初年に西本願寺直末となると、慶長二十年（一六一五）七月二十四日に「太子七高祖」真影が下付され、同年六月十五日に「飛檐官」を免ぜられた。

・「光福寺」（現・福井市小稲津町）

「天正19年末寺帳B」に記載される〔11　コイナツノ乗善〕とは、小稲津村光福寺開基乗善のことで、慶長四年極月（十二月）六日に准如より二代乗順に下付された「大谷本願寺親鸞聖人御影」に「越前国足南郡小稲津村光福寺」と、初めて寺号が見えて西本願寺直末となった。寛永十五年（一六三八）六月十五日には三代乗誓に「飛檐官」が免ぜられた。

・「長慶寺」（現・福井市西木田二丁目）

「天正19年末寺帳B」にある〔13　キダノ明円〕は本覚寺末の道場で長慶寺の開祖と考えられ、文禄三年（一五九四）五月廿二日に西本願寺准如より二代目の願主明称に下付された「顕如上人真影」（長慶寺蔵）には「越前国足羽郡三ヶ庄木田」としかなく、未だ寺号が見えないが、すでに本覚寺末からは離れている。

慶長四年（一五九九）十月九日に准如より「明称」に下付された「大谷本願寺親鸞聖人御影」には「越前国足南郡三ヶ庄木田村長慶寺」とあり、初めて寺号が免許されて一寺となるが、願主明称は「44　明称」のことであろう。慶長十八年（一六一三）七月十三日、明称（五十三歳）に飛檐官が免許された。

・「西蓮寺」（現・福井市松本二丁目）

西蓮寺は初め四ツ居村に存在した本覚寺末道場であったが、慶長六年（一六〇一）

に北庄城築城で城内となるために城外の松本町に移転して一寺となった。「天正19年末寺帳B」に「19　ヨツイノ正誓」とある「正誓」は西蓮寺の開祖で、慶長九年八月七日に西本願寺准如より二代目の願主の正永に下付された「和朝親鸞聖人御影」（西蓮寺蔵）に「越前国吉田郡北庄四井村西蓮寺」と初めて寺号が見える願主の正永（寛永十九年七九歳死）とは「45　正永」であろう。元和四年（一六一八）六月十四日、「北庄松本　正永」に「飛檐官」が免許されている。

・「照順寺」（現・福井市）

「天正19年末寺帳B」に記載される「22　キタノショウノ明心」とは、慶長七年二月二十八日に「親鸞御影」を下付された「越前国足南郡北庄照順寺明心」のことで、興宗寺誓了の弟であるため興宗寺に併合されて照順は廃寺となっている。

・「浄応寺」（現・坂井市丸岡町本町）

「天正19年末寺帳B」に記載されている「23　トクブデンノ祐弥」とは丸岡町浄応寺の前身で、当寺「由緒書」によれば、加賀国荒谷城の藤丸教弥は坂井郡徳分田村へ、さらに種村へ、寛永年中に丸岡城下へ移転したという。

慶長年中二年八月十七日に准如より教弥へ下付された「大谷本願寺親鸞聖人御影」に「越前国坂北郡高椋郷種村浄応寺」と初めて寺号が見え西本願寺直末となった。元和二年（一六一六）二月十七日に教弥は二十六歳で飛檐官が免許されているから、「トクブデンノ祐弥」は「教弥の親」であろう。

・「真勝寺」（現・越前市横住町〔旧・今立町〕）

「天正19年末寺帳B」に記載される2「40　真勝寺」は越前市今立町横住の真勝寺のことと思われる。慶長七年二月十一日に真勝寺乗専に下付された「大谷本願寺親鸞聖人御影」に「越前国今北郡服部庄横積村真勝寺」と寺名があり、西本願寺直末となった。慶長十八年（一六一三）五月二日に乗専（五十六歳）へ飛檐官が免許された。

（ロ）本覚寺末寺に留まった寺院

・「慶崇寺」（現・永平寺町神明）

堅達村の天台宗安楽院地蔵院は、天正二年（一五七四）の一向一揆により焼亡して廃寺となり、一向宗に改宗したのが「天正19年末寺帳B」に記載される「9　ゲンタツノ了願」のことで、慶長六年九月七日に開山御影に寺号を得て一寺となった。寛永十五年（一六三八）六月十五日「飛檐官」を命じられた「元達村了玄」は「50　了玄」か。慶崇寺はその後坂下村へ、慶安元年（一六四八）松岡藩が出来、城下町が成立すると、松岡に寺基を移転した。

・「厳教寺」（現・福井市上森田町）
「天正19年末寺帳B」に記載される「14　モリタノ善乗」が当寺の開祖と思われ、慶長六年（一六〇一）八月十八日に「顕如真影」に本覚寺門徒越前国吉田郡河合庄森田厳教寺道興」とあって一寺となり、寛永十六年九月二十九日には「飛檐官」を免じられた。

・「【唯宝寺】」（現・越前市定友町（旧・今立町））
「天正19年末寺帳B」に記載される「17　イシマルノ祐念」は唯宝寺の開祖か。慶長九年八月十日に下付された「御開山」に「念了」とあり、寛永十六年六月十三日に「本覚寺下福居庄石丸唯宝寺」に飛檐官が免じられた。「石丸」は旧・森田町（現・福井市）で、後に今立郡定友村に移転した。

・「正善寺」（現・坂井市丸岡町巽）
「天正19年末寺帳B」に記載される「20　フジシマノ慶善」は、慶長二十年九月二十二日に下付された「御開山」に寺号を望んだ本覚寺下の丸岡町慶善に「正善寺」の寺号が免じられ、元和四年（一六一八）十一月二十三日に正善寺慶善へ「木佛」が下付された。
「正琳寺」（玄性寺、現・坂井市丸岡町熊堂）
「天正19年末寺帳B」に記載される「24　サダシゲノ了祐」は、天正二年（一五七四）吉田郡定重村（現・坂井市春江町定重）に道場を定めた正琳寺のことで（玄性寺記録）、「木佛留」の慶長十年八月十一日に「吉田郡定重村本覚寺門徒正琳寺了西」とあるから、この頃に一寺となり、寛永元年（一六二四）に熊堂（現・坂井市丸岡町）へ移転した。元和九年（一六二三）十一月二十七日に「熊堂村本覚寺下正琳寺釈宗二」に「飛檐官」を免ぜられたが、正徳四年（一七一四）に本覚寺末寺離脱事件により福井藩から廃寺とされた。その後、延享二年（一七四五）に玄性寺として再興された。
・「西善寺」（現・福井市和田中町上村）

「天正19年末寺帳B」に記載される「15　フチノウエノ淨円」は、足羽郡旧淵上村の西善寺の開基「乗円」と一致するが、当初は一寺とはならず、道場として近世は存続したものと思われる。江戸時代末期には西善寺として再興され明治十一年（一八七八）一月十一日に寺号公称されている（『和田区史』昭和二七年刊）。

（八）東本願寺派へ改派した寺院

・「西光寺」（現・坂井市三国町宿）

『石山本願寺日記』天文二十一年（一五五二）十一月二十八日条に「越前川尻了祐」と見え、「亨禄頃末寺帳A」にも「3　越前川尻西光寺」とある。『朝倉始末記』永禄四年（一五六一）四月六日に、朝倉義景が興行した三里浜の犬追物《いぬおうもの》（武術の一つ）の際には、奉行の朝倉景連《かげつら》が「河尻の道場に居ラレケリ」とあるのが当時のことで、早くから一寺となっていた。

「天正19年末寺帳B」にも「3　カハシリノ西光寺」とあって本覚寺末寺であった。慶長年間の東西分派の際には、東本願寺派に属して直末寺となり、寛文五年（一六六六五）五月八日に川尻村より現地（米ヶ脇）に寺基を移転、同八年四月二十九日に倶《く》秀《しゅう》に「御絵伝」が下付されると、後に院家衆に列した。寛政二年（一七九〇）六月に真宗木部派に一旦は帰参したが、間もなく東派に戻った。

◎「浄得寺」（現・福井市西木田三丁目）

浄得寺の寺伝によると、当寺は敦賀郡原村の道場に始まると伝えるが、近世初頭に鉾ヶ崎村（福井市）に道場を定め、「天正19年末寺帳B」に「10　ホコガサキノ祐乗」とある。当寺蔵の「思迷発心集」奥書には「于時慶長三戊戌年九月七日、角原村浄得寺釈祐海書之」とあるから「35　祐海」は祐乗の次代と思われ、隣村の角原村に転住して寺号を与えられ東本願寺直末となったらしい。元和二年（一六一六）八月七日に「足南郡生野之保角原村浄得寺」に「飛檐官」を免許されると、同年に北庄下呉服町に移り、万治二年（一六五九）の大火に類焼後現在地に移転した。

・「唯称寺」（坂井市三国町山王）

唯称寺由緒書によれば「天正八年八月に湊正薫坊願誓が戦死、その室は道敬坊正香、嫡男が正兼願明」とあるが、「天正19年末寺帳B」に記載される「12　ミクニノ正空」のことと考えられ、慶長元年十一月二十四日に下付された「祖師尊影の裏書」に唯称寺の寺号が見られ、東本願寺直末になったらしい。承応二年（一六五三）八月二十五日には願敬が「御絵伝」の銘替えを望んでいる。

◎「成福寺」（福井市波寄町）

成福寺由緒書によれば、当寺は荒川興行寺周覚を祖とし、古くは大谷村にあって西の坊と称したという。六世乗誓の時に藤瀬村へ転住したというから、「天正19年末寺帳B」に記帳される「18　フジセノ乗西」のことと思われる。後に成福寺の寺号が免許されて東派に属したらしい。承応四年（一六五五）には隣村の波寄村に移転、万治二年（一六五九）七月五日に乗之に「飛檐官」の継目が免許されている。なお、丸岡町山崎三ケの浄林寺は波寄成福寺支坊として円納村にあり、元祖乗信は本覚寺末寺に留まり三世乗喜代に山崎村に移り、寛文四年（一六六四）六月二十六日木佛寺号を免許されている。

・「諦聴寺」（現・福井市灯明寺町）

「申物帳」によれば、明暦四年（一六五八）三月二十七日に当時の西円に諦聴寺の紙寺号が下付されているから、「天正19年末寺帳B」に記載される「31　等明寺　西円」と同人と思われ、東本願寺直末となった。

・「殿下の三寺（円明寺・慶福寺・淨尊寺）」（現・福井市殿下町）

「天正19年末寺帳B」に記載される「46　殿下三人」とは、円明寺・淨尊寺・慶福寺の前進の本覚寺末三道場と考えられる。貞享三年（一六八六）の「殿下村除地《じょち》改《あらため》」（円明寺記録）に「一　畠七畝廿八歩教福寺持分、一　畠三畝拾四歩淨尊寺持分」とあるように、慶長三年（一五九八）の太閤検地では、三道場の敷地は除地となったらしい。

その後、本願寺の東西分派後に三道場は、本覚寺を離れて東派に属し寺号を下付されて各一寺となった。円明寺は当村に残り、慶福寺は文政七年（一八二四）の「慶福寺願書」（福井市「弥勒《みろく》寺文書」）によれば、承応二年（一六五三）三月に城下の西子安町へ転地し、明暦三年（一六五七）八月二十三日に慶福寺龍意に「御開山」の裏書の申し替えが許可されている。明和八年（一七七一）の大火に類焼後は、寛政八年（一七九六）に三橋地方（西厳寺裏・花月上町）へ移転し、明治十四年（一八八一）

現地（福井市順化一丁目）に移転した。

浄尊寺は和田中村へ移転し明暦三年八月六日に浄尊寺浄西に木佛が免許されており、円明寺・慶福寺・浄尊寺の三寺はともに明暦期以前に東本願寺より寺号を免許されて直末になったらしい。なお、「32　殿下　慶西」とは当村に残った円明寺のことと思われるが、今は不明といわざるをえない。

・「真浄寺」（現・福井市豊島二丁目）
当寺の中興開基とする道崇には、元亀三年（一五七二）七月二十五日に敏景（孝景）が城内に安置していた「聖徳太子尊像」を朝倉義景から道崇に譲与された譲与状の写しを伝えているが、書式・内容などから考察しても明らかに偽作であることは明白である。この道崇が北庄九人衆の一人と考えられ、寛永六年（一六二九）六月二十日に東本願寺から「足羽郡福居庄石場真浄寺道崇」に「太子七高祖」の真影を下付されており、元和・寛永頃に寺号が下付されたものと思われる。

これによって推察すると、「天正19年末寺帳B」に記載される「25　イシバノ道西」・「48　道宗」（石場道西の弟子か）は当寺のことであろうか。真浄寺は明治三十七年に現在地に移転している。

・「光福寺」（現・越前市下大虫町）

「天正19年末寺帳B」に記載される「36　光福寺」とは、東派直末の越前市大虫町光福寺のことか、詳細は不明である。なお、当寺は開基を道如、承応四年（一六五五）七月二十三日に春清へ東本願寺より木佛が下付されている。

・「本誓寺」

「天正19年末寺帳B」に記載される「6　タケフノ本誓寺」については武生市には、該当するが寺名は見当たらず不明といわざるを得ない。ただ、福井藩が作成されたと考えられる「越前国寺庵」の東派寺院の中に「本誓寺」の寺名が見えるから存在したことは事実であろう。強いて云えば、後に東別院寺家になった本誓寺のことか。

（二）寺院へ発展しなかった在家・在所

・「惣道場」

在家が寺院化しなかった代表的な例は橘屋であろう。「8　キダノ定賢」とは、奈良興福寺東北院領の木田庄の豪商であった橘屋（福井市の橘屋）のことと考えられ、当家の「由緒書」によれば、橘屋は橘諸兄の系譜を引く紀州田辺城主田辺飛騨守が大治年間（一一二六〜三一）に越前国木田に移住したのに始まると伝えるが、橘屋存在の確実な史料としては、宝徳三年（一四五一）に本願寺存如から下付された「方便法身尊像」（現・鯖江市専光寺蔵）の裏書に「越前国和田本覚寺門流木田庄内橘屋了善坊」と見えるのを最初とする。

「方便法身尊像」裏書には次のように記されている。

> 方便法身尊像
> 宝徳三年辛未六月廿八日本願寺釈存如（花押）
> 越前国和田本覚寺門流木田庄内
> 橘屋了善坊安置之御本尊他
> 宝徳三年十月廿七日□□（花押）

この裏書は、筆蹟から見て少なくとも最初の二行は存如の直筆とされ、（故・重松氏の鑑定による）最後の一行は別人（和田本覚寺住僧の筆蹟か）の筆とされ（鯖江市専光寺蔵）、松原信之「宝徳三年の方便法身尊像について」『福井史学』（第十号福井県史学会　昭和四〇年一二月参照）から、和田本覚寺の末道場の橘屋了善坊が、教化のため越前に滞在していた存如から本願寺門流であることを再認識されたものと推論される。

このように、本願寺門徒であった橘氏も、一方では密教の観音を崇拝しながら、寿岳院（後に泰清院）を興して曹洞宗檀那に転宗している。「37　源内」は近世前期に組頭（大庄屋）を務めた福井市二上町の加藤源内家のことであろう。「30　キタノショウノ木下」・「33　二郎兵衛」・「34　九郎兵衛」も在家道場と思われるが、詳細は不明である。

この他、「16　田尻」（現・福井市美山地区田尻）・「28　杉谷」（現・福井市麻生津地区杉谷）・「42　藤瀬」（現・福井市大安寺地区藤瀬）は在所門徒で、「53　かや野」・「54　国包」も在所名と思われるが、これも詳細は不明といわざるをえない。

（ホ）不明道場

各寺院の史料を捜索しても、未だ不明な箇所が残る。超勝寺方では四件、本覚寺方では一二件である。今後史料の検索の中で発見されるものがあろうが、今は不明といわざるをえない。ただ本覚寺方の道場の中には、北庄惣坊の根本道場「北庄七人衆」が含まれている可能性はあろう。

附　寺号改号について

結城秀康は慶長十二年（一六〇七）閏四月八日逝去後、結城氏の菩提寺曹洞宗孝顕寺へ葬られたが、徳川家康の命で徳川家（松平家）の宗旨の浄土宗で改葬すべしとの命により、菩提寺として浄光院を創建して改葬された。

浄光院は越前の浄土宗寺院の惣触頭となり、江戸の芝増上寺を通じて幕府との取次ぎにより関係を深め「上意寺」「台命寺」と呼ばれた寺院であったが、「御家老中御用留抜集」（松平文庫蔵）宝永六年（一七〇九）二月廿条によれば、「浄光院事、公方様御他界ニ付、御台様院号、浄光院ト被為附候ニ付、巳来運正寺と寺号唱候様被仰出候事」とあり、将軍徳川家宣の逝去により内室の法号を「浄光院」としたため、幕命により福井藩浄光院は運正寺と改号した。

下呉服町にあった臨済宗霊泉寺は、元和四年（一六一八）府中城主本田伊豆守富正《とみまさ》が宝泉寺として建立した寺院であるが、享保六年（一七二一）十二月、九代藩主宗昌が逝去し、法名の豊仙院に障るため、享保九年に霊泉寺と改号した。

弘治元年（一五五五）に成円寺として創立されたが、「当寺明細帳」に「享保三年（一七一八）松平家にて寺号差し障りの趣にて教円寺と改称す」とあり、正徳二年（一七一二）の絵図で未だ「成円寺」とあるから、享保十七年（一七三二）三月に逝去した十代藩主宗矩の母の法号に障るため「正蔵寺」と改号した。

本田横町の東一向宗教重寺は、元・西一向宗で東派へ転派して宝永年中に寺基を西方の山奥村に移転した寺院であったが、この時、新発意の了祐は、同行とともに西派に残り廿三軒町（河原町）に寺基を定め、東西両派ともに教重寺と称した。寛延二年（一七四九）に十一代藩主に襲封した於義丸が宝暦五年（一七五五）に将軍徳川家重の「重」を賜り重昌と称すると「重」の字は禁じられ、東派の教重寺は「教授寺」、西派の教重寺は「教住寺」と改号したが、十二代藩主重富が文化六年（一八〇九）に逝去すると、両寺ともに天保十二年（一八四一）に再び元の教重寺に戻った。

「諸国江遺書状之留」の宝暦五年七月十六日、西別院輪番宛の書状に「御城主法名・御実名御改被成候ニ付、御城下教重寺教住寺と相改申度書付差出候由、令承知候。国

法之義ニ候得者、格別之訳ニ候間、願之通可被申付」とある。元和二年六月二十五日に常盤町（恐らく当寺、東御堂内の塔頭寺か）にあった道場に東本願寺より玄照寺と寺号が免許されたが、天和二年（一六八二）の百か寺騒動後に東派より西派に転派して田原町に移転した寺院である。其後、宝暦八年（一七五八）三月十八日、十二代藩主重昌が逝去し法号を源隆院と称すると、玄照寺の「玄」の音が法号に差し障るため、願照寺と改称した。

西別院内の役寺円覚寺は、元は真宗東派寺院で北庄九人衆の一寺欽仰寺《きんぎょうじ》であったが、慶長七年（一六〇二）に東御坊成立後に東御坊の武士門徒のうち大檀徒永見志摩と厳しく対立し、それに敢然として反抗した欽仰寺善龍は、寛永三年（一六二六）、堂宇は破却されて東御堂から追放されたので、その後大野城主松平但馬守（直良《なおよし》）の仲介により西派へ帰参して西別院の寺内に屋敷を与えられ円覚寺と改号した。

【註記】
飛檐《ひえん》

佛堂の内陣両側の余間に接する間。脇間ともいう。本願寺では法要の際にここに着席する者を飛檐衆といい、寺格・堂班の一。

真宗新辞典（法藏館）

人や物が行き交う交通の要所である黒田郡黒田村内を流れる川湊であるにより黒田《くろだ》津《つ》（黒龍）乎

足羽山続、上神宮寺町山上に在。

「氏神七社大明神」……黒龍《くろたつ》大明神

祭神　水体黒龍王

一説、奈阿南底立神。大塩記

◎繼體天皇

別当職神宮寺は真言宗・黒龍山（竜ノ宮）寂静院《じゃくじょういん》

※浮字号とは事情があり寺院が廃止となった寺号を謂う。

※文化十一年・木田持宝院所持の（黒龍山・寂静院の浮字号を六十両で買得し、寂静寺と改号、さらに十五両の冥加金を納入して東御坊本瑞寺支配から離脱し、自庵御免

となった。（新寺建立禁止により）

◎福井寂静寺（明治十一年）「石川県より寺号公称許可」真言宗から一向宗へ譲渡転派

真言宗　別当　如意山中台寺　宝塔院

◎下総（茨城県）結城ニテ御祈願所当国中島へ来、竜ノ宮寂静院一所ニ成。（拾遺録）

寂静院は宝塔院に合祀されたため、浮字号となった。

◎真言宗寺院　木田堀小路ニ在　松尾山持宝院

〇当国四ヶ所ノ真言宗の古跡、三国性海寺、滝谷寺、福井木田持宝院、北方安楽寺也。

（名勝志）

経緯《いきさつ》

※江戸初期下総国《しもふさ》（茨城県）結城より徳川家康二男結城秀康越前六十七万石を与えられ結城より招来遷座せし宝塔院に一所に成（合祀）のために寂静院の浮字号を木田持宝院が預り所持していた。

〔謝　辞〕

本稿を全文転載するにあたり、福井県郷土誌懇談会事務局の長野栄俊氏と吉川千鶴氏の懇切丁寧なる御指導と御教示を頂戴いたしましたことを深く感謝いたします。

故・松原信之先生の奥様松原多恵子女史におかれましては小生の趣旨を御理解を賜り転載許諾を下さいましたことは望外の喜びであり、深謝し、厚く御礼申し上げます。

（転載に際して、明らかな誤植は訂正した）

大野市文化財保護審議会　委員　黒田宗雲

著者プロフィール

黒田 宗雲（くろだ そううん）

1943 年　福井県勝山市生まれ
浄土真宗本願寺派布教使
龍谷教学会議会員
福井県郷土誌懇談会会員
白山文化研究会会員
福井県大野市文化財保護審議会委員
茶道遠州流教授

古き龍の大國　越前物語り

2025年 1 月15日　初版第 1 刷発行

著　者　黒田 宗雲
発行者　瓜谷 綱延
発行所　株式会社文芸社
〒160-0022　東京都新宿区新宿1－10－1
電話　03-5369-3060（代表）
03-5369-2299（販売）

印刷所　株式会社平河工業社

ISBN978-4-286-25925-3